Tommy Welchel mit Jody Keck

Der Strom aus Zion

Tommy Welchel mit Jody Keck

Der Strom aus Zion

Von Azusa über Israel zur Endzeit-Erweckung –
Berichte, Erlebnisse, Visionen

GloryWorld-Medien

1. Auflage 2023

Originally published in English under the title „The River of Zion" by Destiny Image, 167 Walnut Bottom Rd., Shippensburg PA 17257-0310, USA.

Bibelzitate sind, falls nicht anders gekennzeichnet, der Elberfelder Bibel, Revidierte Fassung von 1985, entnommen. Weitere Bibelübersetzungen:
GNB: Gute Nachricht Bibel, 2002
LUT: Lutherbibel, Revidierte Fassung von 2017
NLB: „Neues Leben. Die Bibelübersetzung", Holzgerlingen, 2017
SLT: Schlachter 2000

Das Buch folgt den Regeln der Deutschen Rechtschreibreform. Die Bibelzitate wurden diesen Rechtschreibregeln angepasst.

Übersetzung/Satz: Manfred Mayer
Umschlaggestaltung: Destiny Image / Markus Amolsch
Fotos: Unsplash / Shutterstock

Printed in Germany

ISBN: 978-3-95578-617-5
Bestellnummer: 356617

Erhältlich beim Verlag:

GloryWorld-Medien
Beit-Sahour-Str. 4
D-46509 Xanten
Tel.: 02801-9854003
Fax: 02801-9854004
info@gloryworld.de
www.gloryworld.de

oder in jeder Buchhandlung

Stimmen zum Buch

Wer Geschichte schreibt, macht Geschichte. Tommy Welchel, der große Geschichtenerzähler der Azusa-Street-Erweckung, lässt die Zeugnisse der Azusa Street für eine neue Generation aufleben und weist dann prophetisch auf die Bedeutung der damaligen Erweckung für die endzeitliche Erweckung und ihre Erfüllung in Israel hin. Lass seine Fackel dich und deinen Glauben entzünden, insbesondere für die endzeitliche Bewegung Gottes, die die Azusa-Street-Erweckung bei Weitem überragen wird!

Lou Engle
The Call; Lou Engle Ministries

Als ich Tommy Welchel vor vielen Jahren kennenlernte, wurde mir klar, dass er ein Geschenk Gottes war und dass er einen Schatz in sich trug! Der Herr gab ihm den Auftrag, sich die Geschichten derer anzuhören, die als junge Menschen die Wunder der Ausgießung in der Azusa Street miterlebten, und sie später an uns weiterzugeben. Er ist ein gesalbter Erzähler. Wenn du ihre Geschichten liest, die er uns auf seine unnachahmliche Art und Weise vor Augen malt, werden sie für dich lebendig! Sie wecken in deinem Herzen die Sehnsucht nach der gleichen Manifestation des Heiligen Geistes und mehr.

In diesem Buch ergänzt Jody Keck durch ihre Bibelkenntnisse das Bild. Besonders gut gefällt mir der Teil, in dem sie von Tommys erstem Besuch in Israel und dem Hirtenfeld berichtet.

Dr. Billye Brim
Billye Brim Bible Institute
Billye Brim Ministries

Wenn wir die Bibel lesen, erfahren wir, was Gott getan hat. Das Spannendste dabei ist, dass es SEINE Geschichte ist! Wenn wir seine Geschichte verstehen, legen wir unseren Willen ab und lassen uns auf ihn und seine Pläne und Absichten für unser Leben ein. Wir erlauben Gott damit, uns so zu gebrauchen, wie er die Menschen in der Bibel gebraucht hat.

Da ich selbst an vielen großen Bewegungen Gottes beteiligt war, weiß ich, wie wichtig es ist, unsere Geschichten über das, was Gott in unserem Leben getan hat, weiterzuerzählen! Bruder Tommy und meine liebe Freundin Jody haben diesen aktuellen Bericht über Wunder in der Vergangenheit und Wunder, die heute auf der ganzen Welt geschehen, verfasst. Ich hoffe, dass dich die Lektüre von *Der Strom aus Zion* dazu inspiriert, dich von Gott gebrauchen zu lassen und Teil des fortlaufenden Wirkens des Heiligen Geistes zu sein.

Ich bete, dass du den gleichen Glauben und die gleiche Überzeugung wie die Heiligen der Azusa-Street-Erweckung an den Tag legst, um in dieser Atmosphäre des Himmels zu leben. Denke daran: Was er für andere getan hat, kann er auch für dich tun!

Mel Tari
Gründer und Präsident von *World Mission*
Autor von *Wie ein Sturmwind*

Wenn du dich für Erweckung begeisterst und mehr über die großen Wunder erfahren willst, die Gott getan hat, dann ist dieses Buch genau das Richtige für dich! Jody Keck, eine gute Freundin von mir, dokumentiert das Leben von Tommy Welchel, den Gott seit Jahrzehnten benutzt, um die Geschichten weiterzugeben, die ihm diejenigen, die an der großen Azusa-Street-Erweckung beteiligt waren, erzählt haben! Du wirst darüber erstaunt sein, wie sehr Gott Menschen verändert und geheilt hat, und die unzähligen Geschichten über Gottes Feuer und Gegenwart im Leben dieses gesalbten Evangelisten werden dich inspirieren.

Es wird dich nicht nur begeistern, sondern auch ermutigen zu hören, wie sehr der Herr Tommy und Jody benutzt hat, um für Erweckung in Israel und dem jüdischen Volk, seinem Augapfel, zu prophezeien. Falls du ein Wächter auf der Mauer bist, falls auch du für

Erweckung gebetet hast, dann wirst du dieses Buch unbedingt lesen wollen. Es wird dein Leben verändern!

Brian Sanders
Regisseur und Produzent von *The Hague or Jerusalem*
und *Why Stand with Israel: A Film to Change Hearts*

Tommy hat es auf dem Herzen, aufzuzeigen, dass die Wunder Jesu auch heute noch geschehen, und uns damit zu inspirieren. Während seiner Reise nach Israel mit Jody und uns verbrachte er in Bethlehem und Jerusalem Zeit mit unserer Familie und dem Leitungsteam unseres Dienstes. Die einhellige Aussage und der einmütige Eindruck der heutigen Gläubigen im Heiligen Land war, dass Tommy die Salbung Jesu in sich trägt und dass sie ansteckend ist!

Pastor Steven Khoury
Holy Land Missions, Israel
Autor von *In the Backyard of Jesus*

Die Endzeitvisionen, die dieser bewährte Mann Gottes in Israel gesehen hat – über die große Erweckung, über das Gericht über viele Kirchen und Gemeinden bis hin zur tatsächlichen Wiederkunft Jesu –, werden dich mit Freude und Ermutigung erfüllen, damit du deine Bestimmung vollenden kannst!

Sid Roth
Fernsehmoderator, *It's Supernatural!*

Es scheint, dass immer dann, wenn Menschen in verschiedenen Zeiten der Kirchengeschichte den Herrn gesucht haben, er ihnen in der Regel mit einer mächtigen Bewegung des Heiligen Geistes antwortete und Tausende Menschen durch Gottes Kraft verändert wurden. Solche Kairos-Momente sind selten, aber sie sind wunderbar für die Gemeinde. Es sind die Zeiten, die der Apostel Petrus als „Zeiten der Erquickung vom Angesicht des Herrn" bezeichnete (vgl. Apg 3,20).

Die Azusa-Street-Erweckung wird von vielen in der Pfingstbewegung als die Geburtsstunde der heutigen großen Bewegung des Geistes Gottes angesehen. Diese Erweckung dauerte nicht so lange wie die vorherigen großen Erweckungen in den USA, die Erweckungsbewegung in Ostafrika oder die Erweckung der Herrnhuter. Dennoch hatte sie weltweit einen großen und dauerhaften Einfluss, mehr noch als die meisten anderen Erweckungen. Heute führen die meisten Pfingstbewegungen und -denominationen ihre Anfänge auf die Azusa-Street-Erweckung zurück. Die Pfingsterweckung ist immer noch die am schnellsten wachsende christliche Bewegung der Welt.

Die Heiligen der Azusa Street beteten und warteten viele Jahre lang auf jemanden, dem sie ihre Geschichten anvertrauen konnten. Der Herr führte sie zu Tommy Welchel, einem damals noch jungen Mann. Sie waren sich einig, dass er Gottes Werkzeug war, um ihre Erweckungsgeschichten in die Zukunft zu tragen.

Gott hat Bruder Tommy benutzt, um genau das zu tun, wofür diese Heiligen gebetet haben. Er hat ihre Geschichten auf der ganzen Welt verbreitet. Diese Geschichten stehen nicht nur in Büchern, sondern auch im Internet und werden so von Millionen Menschen auf der ganzen Welt gelesen und gehört.

Das Buch, das du in den Händen hältst, wurde von unserer geliebten Jody Keck geschrieben und ist Teil der Fortsetzung der Geschichten der Azusa Street. Jody reiste vor Kurzem mit Tommy nach Israel. Ich hatte das Privileg, mit Tommy nach Kenia und Tansania und sogar in die Vereinigten Staaten zu reisen. Ich habe diese Geschichten aus erster Hand gehört, mit der dazugehörigen Kraft und Salbung. Die Zeit, die wir mit Bruder Tommy in Afrika verbracht haben, hat Tausende von Gläubigen und Leitern, denen er dort gedient hat, beeinflusst und geprägt. Sie alle erlebten die Kraft Gottes und viele Heilungen.

Ich empfehle dieses Buch aus zwei Gründen. Erstens, weil ich Bruder Tommy Welchel als einen wahren und gesalbten Diener Gottes kennengelernt habe, und zweitens, weil ich weiß, dass du beim Lesen dieses Buches ermutigt und inspiriert werden wirst. Gott hat so viele Menschen berührt, die seine Bücher gelesen haben, und ich glaube, dass das Buch, das du in den Händen hältst, auch dich segnen und in großem Maße verändern wird!

Bischof Armstrong Kamau Cheggeh
Vorsitzender Bischof der *Fountain of Life Churches International*
Nairobi, Kenya

Da ich miterlebt habe, wie Jody, meine liebe Frau, über ein Jahr lang mit viel Gebet an diesem Buch gearbeitet hat, und ihre Liebe zu Gott, Jesus Christus und dem Heiligen Geist kenne, weiß ich, dass dieses Buch durch göttliche Intervention entstanden ist. Nimmt man noch ihre Liebe zu Bruder Tommy Welchel, zu Israel und zur Erweckung hinzu, ist klar, dass dieses Buch zur rechten Zeit kommt und von großer Bedeutung ist. Du wirst inspiriert und ermutigt werden, wenn du diese Geschichten liest und erfährst, was Gott im Heiligen Land offenbart hat.

Steve Keck
Upper Room Ministry

Inhalt

Dank

Man weiß ja nie, was unser herrlicher Heiliger Geist in einem einzigen Augenblick tun wird! Wir waren erst seit ein paar Wochen aus Israel zurück, als Tommy mich anrief und sagte: „Jody, Gott sagt, es sei Zeit, ein neues Buch zu schreiben!“ Ich antwortete: „Oh, Tommy, das ist ja super!“ Ich ahnte nicht, dass mein Leben eine andere Richtung nehmen würde, als er weitersprach.

„Jody, Gott sagt, du sollst es für mich schreiben!“

So ist das Leben, wenn man vom Geist geführt wird. Ich hatte noch nie ein Buch geschrieben. Ironischerweise habe ich immer gesagt, dass ich mich besser durch Reden ausdrücken kann als durch Schreiben. Unzählige Male in meinem Leben habe ich, wenn sich mir eine neue Gelegenheit bot oder ich vor einer Herausforderung stand, gebetet und Gott gebeten, die notwendige Gabe zu wecken und seine Gnade auszugießen, um das zu erreichen, was mir aufgetragen war. Sofort fing ich deshalb an, Gott zu suchen, weil ich wusste, dass ich es ohne ihn nicht schaffen würde. Der Herr hat mich noch nie im Stich gelassen. Er glaubt immer mehr an uns, als wir an uns selbst glauben. Er hat eine Tür in meinem Herzen geöffnet und mir drei weitere Bücher geschenkt, an denen ich gerade schreibe. Ist er nicht wunderbar?

Jedes Wort in diesem Buch habe ich in einer Haltung des Gebets und ohne Schuhe an den Füßen geschrieben. Er sagte mir nämlich, ich würde mich auf „heiligem Boden“ befinden. Eines Abends eilte ich in meine Bibliothek, die auch mein Arbeitszimmer ist. Ich hatte einen Gedanken, von dem ich wusste, dass der Heilige Geist ihn mir eingeflüstert hatte. Ich setzte mich an meinen Schreibtisch und schaltete meinen Computer ein. Plötzlich begannen meine Füße zu brennen und zu schmerzen. Ich fragte mich, was los war, und bückte mich, um nachzusehen, ob ich meine Schuhe anhatte. Er hatte mich daran erinnert, meine Schuhe auszuziehen! Sofort hörte das Brennen auf. Unser Gott ist immer treu!

Es gibt viele Menschen, die mich auf diesem Weg unterstützt haben, und ich bin ihnen allen unendlich dankbar. Mein Herz quillt über vor Liebe für alle, die mir geholfen haben!

Tommy vertraute dem Heiligen Geist, und ich bin ihm so dankbar, dass er auch mir vertraute. Unzählige Stunden mit ihm verbringen zu können, die Geschichten neu zu durchleben und zu erfahren, was Gott in der Vergangenheit getan hat und auch heute noch tut, hat mein Leben verändert. Gemeinsam mit ihm zu dienen und Gottes große Ausgießung zu erleben, ist unglaublich. Er ist ein wahrer Diener Gottes, der in seinem Glauben nicht wankt. Sein Leben und das, was Gott durch ihn getan hat, haben mich sehr inspiriert!

Kinder, Enkelkinder, Geschwister und mein Mann – sie alle haben mich angefeuert! Ich kann gar nicht mehr zählen, wie oft mein wunderbarer Mann Steve für mich da war. Die Mahlzeiten, die er servierte, die Gebete, die er sprach, und die Liebe und Kraft, die er mir gab, waren gewaltig. Er ermutigte mich immer wieder mit: „Schreibe einfach den ersten Satz!" Eines Nachts, als ich schlief, weckte mich der Heilige Geist, wie er es oft tut. Er ließ diesen ersten Satz in mein Herz fallen. Ich wusste, dass es von da an weitergehen würde. Steve ist ein wunderbarer Ehemann und Mann Gottes!

Die Fürbitte und Unterstützung durch unsere Mitbeter war unglaublich. Oft legten sie mir die Hände auf und beteten und glaubten, dass der Herr mir die richtigen Worte geben würde. Auch auf unseren Reisen haben Tommy und ich viele Heilige Gottes getroffen, die für uns und dieses Buch gebetet haben! Was für ein Segen!

Ich bin all den Menschen, die dieses Buch unterstützt haben, sehr dankbar, auch Pastor Cleddie, der das Vorwort geschrieben hat! Dass sich diese großartigen Männer und Frauen Gottes die Zeit genommen haben, mich zu unterstützen und zu ermutigen, hat mich sehr demütig gemacht. Sie alle führen ein dienendes und aufopferndes Leben für den Herrn und sind mächtige Kämpfer im Glauben.

Mein herzlicher Dank geht an alle Mitarbeiter von *Destiny Image.* Es machte Freude, mit ihnen zu arbeiten, und ich bin so dankbar für all ihre Hilfe. Sie haben schon sehr viel großartige Literatur veröffentlicht, und ich fühle mich geehrt, mit ihnen zusammenzuarbeiten!

Wenn ich an meine wunderbare Schwester Lee denke und an das Opfer, das sie gebracht hat, um mir zu helfen, werde ich ganz emotional. Eines Abends, als ich weinend an meinem Computer saß und den Herrn um Führung bat, rief sie mich „zufällig“ an. Ich schüttete ihr mein Herz aus und erzählte ihr von der enormen Bedeutung dessen, wozu Gott mich berufen hatte. Innerhalb weniger Tage saß sie im Flugzeug und zog bei mir ein, um mir zu helfen! Sie lebte wirklich monatelang bei uns, während ich dieses Buch schrieb. Wir hatten einen Riesenspaß! An so vielen Tagen haben wir gelacht, geweint und sind gemeinsam tiefer im Herrn gewachsen. Es gab Zeiten, in denen die Salbung so stark, die schwere Kabod-Herrlichkeit Gottes so gewichtig war, dass wir, wenn wir den geschriebenen Text redigieren wollten, einfach nur staunten, was er getan hatte. Einige Male lasen wir den Text und konnten uns überhaupt nicht mehr erinnern, dass wir es so geschrieben hatten. Ich weiß, dass der Heilige Geist sie gesandt hat, um das zu vollenden, was er mir aufgetragen hatte. Er hat nicht nur die Gabe in mir geweckt und seine Gnade über mich ausgegossen, sondern auch Lee geschickt!

In Gottes Gegenwart einzutauchen und Jesus und seine Wunder zu erleben, übersteigt manchmal alles, was wir beschreiben können. Ich fühle mich, als hätte auch ich mit den Heiligen der Azusa Street gelebt! Und was er heute tut, ist außergewöhnlich. Die Wunder explodieren und die Ernte ist da! Meine Liebe zu Israel wird immer größer. Ich ermutige dich, deine Augen auf Israel zu richten und für den Frieden in Jerusalem zu beten. Mein Hunger und Durst nach unserem Herrn kann nicht gestillt werden.

Es ist mir eine große Freude und Ehre, für diese Arbeit ausgewählt worden zu sein. Ich habe mein Leben vollständig Jesus übergeben und dieses Buch soll wie ein Opfer für ihn sein. Ich hoffe, dass seine göttlichen Ziele erfüllt werden und er in der ganzen Welt bekannt wird. Ich weiß, dass ich es ohne seinen Geist niemals hätte schreiben können. Ich gebe Gott wirklich alle Ehre.

Würdig ist das Lamm!

Vorwort

Vor vielen Jahren, als ich noch sehr jung im Glauben war, las ich einmal in einer Bibel mit Erklärungen an den Seitenrändern. Dabei schien ein Wort meine Aufmerksamkeit auf sich zu ziehen. Ich markierte es und fuhr mit meinem Bibelstudium fort. Aber immer wieder zog mich dieses Wort wie ein Magnet an. Es war ein Wort, mit dem ich nicht vertraut war, weshalb ich seine Definition nachlas. Das Wort war „remembrancer"[1]. Im Laufe der Jahre wurde mir immer bewusster, wie wichtig dieses Wort war, da es so viel bedeutet wie „jemand, der" oder „etwas, das" dazu dient, sich etwas ins Gedächtnis zu rufen oder es im Gedächtnis zu behalten, „ein Mahnmal" oder „eine Gedenkstätte". In der Bibel werden Gottes Bundesverheißungen und Ereignisse aus der Vergangenheit in Erinnerung gerufen. Ich habe immer gedacht, dass auch Menschen, die den Glauben lehren, einen solchen Dienst haben.

In einer Zeit, in der die Menschen glauben, die Wissenschaft sei die höchste Autorität, ist es umso wichtiger, dass wir daran erinnert werden, dass Gott in der Vergangenheit Wächter hatte und auch heute Wächter hat. Wächter, die die Erinnerung wachhalten.

Beim Lesen dieses Buches wurde mir klar, dass Tommy das Privileg hatte, die Geschichten von Männern und Frauen zu hören, die die Ausgießung in der Azusa Street um die Jahrhundertwende nicht nur aus erster Hand miterlebt hatten, sondern dabei auch benutzt wurden. Wenn du diese Geschichten liest, ist es, als würdest du in der ersten Reihe dieser Ereignisse sitzen und dich mit angehaltenem Atem danach sehen, dass Gott die Erde noch einmal mit Zeichen und Wundern wie diesen heimsucht. Es liegt viel Kraft darin, diese wunderbaren Dinge, die Gott getan hat, zu erzählen!

---

[1] Wörtlich: „Erinnerer" oder „Gedächtnisstifter". Dieses Wort wird in dt. Bibelübersetzungen oft mit „Kanzler" oder „Berater" wiedergegeben. Anm. d. Übers.

Es ist, als käme der Geist des Psalmisten über dich und du rufst: *„Gott, mit unseren Ohren haben wir gehört, unsere Väter haben uns erzählt die Großtat, die du gewirkt hast in ihren Tagen, in den Tagen der Vorzeit ... Erwache! Warum schläfst du, Herr? Wache auf! Verwirf uns nicht auf ewig!"* (vgl. Ps 44,2.24). Die Niedrigen und Geringsten haben das Privileg, ungehindert in Gottes Kammer der Macht und der Wunder einzutreten.

Jody hat etwas Wichtiges festgehalten, das sie aus den reichen Erfahrungen von Tommy gelernt hat. Wenn du nun dieses Buch liest und dabei mit ihnen ins Heilige Land reist, kannst auch du den Wert eines „Erinnerers" erkennen. „Ruhe nicht, und schweige nicht!" Denn auch du sollst ein Gedächtnisstifter werden.

Pastor Cleddie Keith
Heritage Fellowship Florence, Kentucky

Und er zeigte mir einen Strom von Wasser des Lebens, glänzend wie Kristall, der hervorging aus dem Thron Gottes und des Lammes. In der Mitte ihrer Straße und des Stromes, diesseits und jenseits, war der Baum des Lebens, der zwölfmal Früchte trägt und jeden Monat seine Frucht gibt; und die Blätter des Baumes sind zur Heilung der Nationen.
Und keinerlei Fluch wird mehr sein; und der Thron Gottes und des Lammes wird in ihr sein; und seine Knechte werden ihm dienen, und sie werden sein Angesicht sehen; und sein Name wird an ihren Stirnen sein.
Und Nacht wird nicht mehr sein, und sie bedürfen nicht des Lichtes einer Lampe und des Lichtes der Sonne; denn der Herr, Gott, wird über ihnen leuchten, und sie werden herrschen von Ewigkeit zu Ewigkeit.
Und er sprach zu mir: Diese Worte sind gewiss und wahrhaftig, und der Herr, der Gott der Geister der Propheten, hat seinen Engel gesandt, seinen Knechten zu zeigen, was bald geschehen muss (Offb 22,1-6).

Wenn wir ganz und gar voller Eifer sein wollen,
müssen wir uns dem Brennofen der Liebe des Erlösers nähern.

Lady Powerscourt

Wir können Erweckung nicht machen, aber wir können unsere Segel so setzen, dass wir den Wind vom Himmel einfangen, wenn Gott beschließt, wieder einmal über sein Volk zu wehen.

Campbell Morgan

Prolog

Ja, der HERR hat den Zionsberg ausgewählt, er hat ihn zu seiner Wohnstätte bestimmt: „Hier soll für immer mein Ruheplatz sein, hier will ich wohnen, das ist mein Wille!“ (Ps 132,13-14 GNB).

Vom Obersaal in Jerusalem bis zur Azusa Street und wieder zurück ist Gottes Heiliger Geist durch die ganze Welt geströmt. Sein Strom, der durch uns fließt, bringt neues Leben in die Herzen und Seelen aller Gläubigen. Für diejenigen, die bereit sind, ihn zu empfangen, werden Fluten geistlicher Kraft hervorquellen. Der „Überrest“ des Herrn erhebt sich wie ein Strom, der über seine Ufer tritt und jeden Winkel der Erde berührt. Jesus sucht nach Menschen, die die Zeiten erkennen und entsprechend handeln. Die Erweckung ist da!

Die Autoren

Tommy Welchel (1943–2022) war ein Glaubensgeneral. Er starb kurz nach Fertigstellung dieses Buches. Als junger Mann hatte er das Privileg, bei den Heiligen der Azusa Street zu wohnen, ihnen Tag für Tag zu Füßen zu sitzen und ihre unglaublichen Geschichten darüber zu hören, wie Menschen gerettet wurden und Wunder erlebten. In diesem Buch gibt er einige dieser unglaublichen Geschichten weiter, von denen manche noch nie erzählt wurden. Wenn du schon einmal gehört hast, wie Tommy die Azusa-Geschichten erzählt, wirst du feststellen, dass die Überschriften der einzelnen Kapitel in diesem Buch einige seiner oft wiederholten Sätze sind. In bestimmten Kreisen wurde er als das „letzte lebende Bindeglied zu Azusa“ bezeichnet. Tommy hat mit einigen der Großen von damals zusammengearbeitet und bezeichnete viele von ihnen als „Freunde“.

Als Erwachsener erhielt Tommy von Gott den Auftrag, einige der Azusa-Geschichten in Büchern niederzuschreiben. Das hat er auch getan. Diese Bücher wurden 2006 und 2013 veröffentlicht[1]. Er ist um die Welt gereist und hat gehorsam für die Kranken und Leidenden gebetet, während er die Geschichten weitergab. Seine Lehre lautete: „Diese Zeichen werden folgen …“ (vgl. Mk 16,17). Und das tun sie auch. In diesem Buch erzählt Tommy auch einige Wunder, an denen er persönlich beteiligt war. Als Experte in Sachen Erweckung hat er mehr als 4.000 Bücher zu diesem Thema gelesen. Sein ganzes Leben lang hatte Tommy den brennenden Wunsch, Israel, das Land unserer Vorfahren, zu besuchen. Er wartete, bis Gott ihm sagte, er solle gehen – über 70 Jahre lang. Während er dort war, hatte Tommy viele Visionen, die er uns in diesem Buch weitergibt.

Jody Keck ist die Gründerin von „Upper Room Ministry“[2], einem geistlichen Dienst, der sich dafür einsetzt, das Evangelium einer verlorenen und sterbenden Welt zu bringen. In diesem Rahmen reist sie um die Welt und hat schon Tausenden Menschen gedient und für sie gebetet. Gott hat sie mächtig gebraucht. Die Salbung in ihrem Leben hatte große Wunder zur Folge. Ihr Weg mit Jesus hat sie an viele Orte geführt, darunter Südamerika, Pakistan, den Nahen Osten und Afrika. Jody glaubt, dass jede Bewegung Gottes aus dem Gebet geboren wird. Als „Gebetskriegerin“ sagt sie, dass wir am Anfang eines noch nie dagewesenen Wirkens des Heiligen Geistes stehen – die größte Bewegung Gottes steht uns bevor. In den 30 Jahren ihres Dienstes hatte Jody immer ein Herz für Israel und hat ständig für Frieden und Wohlstand in diesem Land gebetet. Ihre vielen Besuche in Israel führten zu einer engen Beziehung zu den Kirchen in Bethlehem und Jerusalem.

~~~~~~~

[1] Das erste, mit dem englischen Titel „Azusa Street: They Told Me Their Stories“ ist nicht auf Deutsch erhältlich; die darin enthaltenen Zeugnisse sind jedoch alle im zweiten Buch „Wahre Geschichten und Wunder der Azusa Street“ (GloryWorld-Medien 2017) enthalten. Anm. d. Hrsg.

[2] Wörtlich: „Obersaal-Dienst“.
~~~~~~~

Im Jahr 2018 prallten Azusa und Israel aufeinander! Tommy und ich trafen uns. Diese göttliche Verabredung führte zu einem von Gott initiierten Besuch im Heiligen Land und gipfelte schließlich im Schreiben dieses Buches.

Komm nun also mit uns, wenn wir dich vom Geburtsort Jesu zum Ölberg und noch an weitere Orte mitnehmen. Es wird auch eine Endzeitprophetie, die schon vor Jahrzehnten gegeben wurde, enthüllt! Entdecke die Geheimnisse der ewigen Pläne und Absichten Gottes und eine Offenbarung von Zion – der Herrlichkeit Gottes.

Lass den Heiligen Geist zu dir sprechen und dich ermutigen, dass es noch so viel mehr gibt. Möge ein neuer Hunger entstehen und eine neue Welt des Übernatürlichen in dir erwachen, indem du noch tiefer verstehst, dass für unseren Gott nichts unmöglich ist. Möge sein Feuer auf dich fallen und sein Strom dich reinigen, während du uns auf unserer Reise durch Israel, seinen geliebten Augapfel, begleitest.

Gott segne dich und Shalom!

Es war, als hätte sich eine seltsame, unsichtbare Wolke der Überführung des Heiligen Geistes über Los Angeles gelegt. Viele, die das Vorrecht hatten, an den Azusa-Versammlungen teilzunehmen, hatten einen zerbrochenen und zerknirschten Geist und weinten hemmungslos. Das war so ungewöhnlich und unerklärlich, dass nur wenige wussten, was mit ihnen geschah und warum.

A.C. Valdez

In diesen frühen Tagen gab es nie einen Altarruf. Gott selbst hat sie gerufen. Und der Prediger wusste, wann er aufhören musste. Wenn Gott sprach, gehorchten wir alle. Es schien eine furchtbare Sache zu sein, den Geist zu behindern oder zu betrüben. Der ganze Ort war in Gebet getaucht. Gott war in seinem heiligen Tempel. Der Mensch hatte zu schweigen.

Frank Bartleman

Kapitel 1

Diese Zeichen werden folgen

Azusa

Dann sagte er zu ihnen: „Geht in die ganze Welt und verkündet die Gute Nachricht allen Menschen! Wer zum Glauben kommt und sich taufen lässt, wird gerettet. Wer nicht glaubt, den wird Gott verurteilen. Die Glaubenden aber werden an folgenden Zeichen zu erkennen sein: In meinem Namen werden sie böse Geister austreiben und in unbekannten Sprachen reden. Wenn sie Schlangen anfassen oder Gift trinken, wird ihnen das nicht schaden, und Kranke, denen sie die Hände auflegen, werden gesund" (Mk 16,15-18 GNB).

Nichts geschieht zufällig. Alles wurde schon lange vorbereitet, bevor das Ergebnis sichtbar war. Was als kleines Rinnsal durch nach oben gerichtete Gebete begann, wurde sehr bald zu einem weiteren mächtigen Strom, in dem Gott seinen Heiligen Geist über die ganze Welt ausgoss. So begann … Azusa.

Eine warme Brise aus dem Westen wehte durch die Straßen des alten Los Angeles. Die Geräusche der Stadt waren gedämpft, als die Leute für ihr Abendessen herbeikamen. Und doch lag in dem alten, verfallenen Lagerhaus in der Azusa Street eine gewisse Aufregung in der Luft. Die Fenster waren geputzt und die Spinnweben entfernt worden; von dem, was vor Kurzem noch als Stall diente, war kaum noch etwas zu sehen. Ausgestreutes Stroh und Sägespäne dienten als Teppich für den nackten Erdboden. Was die Feuer- und

Wasserschäden an den Wänden anging, konnte nicht viel gemacht werden. Die Bänke aus Redwood-Holz boten Platz für etwa 30 Personen.

Es hatte sich schnell herumgesprochen, dass in der ehemaligen Kirche seltsame Dinge passiert waren. Gläubige und Neugierige kamen, um zu sehen, was es mit der ganzen Aufregung auf sich hatte. Die Zeitungen von Los Angeles hatten von wundersamen Ereignissen berichtet. Die Leute glaubten, dass Gott ihnen endlich begegnen würde, wenn sie nur durch die staubigen Straßen dorthin kämen. Als die Menschen sich dem zweistöckigen Gebäude näherten, konnten sie förmlich spüren, dass etwas anders war. Auf ihrer Haut spürten sie ein Prickeln; ihre Seelen waren angespannt vor Erwartung. Melodiöse Stimmen erfüllten den Abend mit Gebeten und Lobliedern. Wenn die Gäste das Gebäude betraten, erlebten sie eine große Überraschung. Der Raum war gefüllt mit Reichen, Armen, Jungen, Alten, Schwarzen, Weißen, Männern, Frauen, Gläubigen und Ungläubigen. Es war offensichtlich, dass mehr Sitzplätze benötigt wurden, um die zahlreichen Besucher unterzubringen. Hüte hingen an Nägeln, die an den niedrigen Dachsparren befestigt waren.

Es gab keinen Chor, keine Orgel, keine formelle Geldsammlung – nur Menschen, die inbrünstig für Erweckung, Heilung und Errettung beteten. Die Versammlungen wurden von Gott gelenkt. Die Menschen beklagten und bereuten ihre Sünden. Viele weinten, als einer nach dem anderen von seinen Verfehlungen überführt wurde.

Die Bänke waren in einem Quadrat um einen kleinen, behelfsmäßigen Altar in der Mitte des Raumes aufgestellt. Auf einer der Bänke saß ein bescheidener afroamerikanischer Mann von etwa 36 Jahren. Sein Kopf steckte in einer Holzkiste, die einmal zum Versand von Schuhen verwendet worden war. Dieser Mann, William Seymour, war der Anführer der Erweckung.

Eine neblige Wolke wirbelte über dem Boden und auch außerhalb des Gebäudes der Azusa-Street-Mission[1]. In manchen Nächten schossen Feuerflammen aus dem Dach des bescheidenen Lagerhauses. Wenn die Gebete anfingen, strömte der Geist Gottes durch den Raum. Männer und Frauen aller Konfessionen fielen wie in Trance zu Boden, als der Heilige Geist sie mit Wellen der Kraft durchflutete.

[1] Im weiteren Verlauf meist einfach „Mission“ genannt.

Einige begannen in unbekannten Sprachen zu sprechen und priesen den allmächtigen Gott.

Es herrschte große Vorfreude und der Glaube, dass Gott die Menschen geistlich, emotional, mental und körperlich berühren würde. Viele Jahre des Schmerzes, der Einsamkeit, der Ablehnung und der Zerrissenheit wurden vor dem Altar niedergelegt. Die Menschen sehnten sich nach geistlichen Gaben und riefen den Herrn an, er möge die Kranken heilen. In ihren Herzen gab es nur eine Herde und einen Hirten. Unterschiede fielen weg. Abend für Abend hörte Gott ihre Bitten und erhörte sie. Wunder geschahen in Hülle und Fülle. Der „Spätregen“ hatte begonnen; der Strom schwoll an.

> Nach einer kurzen Zeit des stillen Wartens legte sich eine große Ruhe über uns. Plötzlich, ohne Vorwarnung, offenbarte sich uns der Herr Jesus selbst. Er schien direkt unter uns zu stehen, so nah, dass wir unsere Hand hätten ausstrecken und ihn berühren können. Aber wir wagten es nicht, uns zu bewegen. Ich konnte nicht einmal hinsehen. Tatsächlich schien ich ganz Geist zu sein. Seine Gegenwart schien mir realer, als wenn ich ihn auf natürliche Weise hätte sehen und berühren können. Ich vergaß, dass ich Augen und Ohren hatte. Mein Geist erkannte ihn. Ein Himmel aus göttlicher Liebe erfüllte und begeisterte meine Seele. Ein brennendes Feuer durchfuhr mich. Mein ganzes Wesen schien vor ihm zu zerfließen, wie Wachs vor dem Feuer. Ich verlor jegliches Bewusstsein für Zeit und Raum und war mir nur noch seiner wunderbaren Gegenwart bewusst. Ich betete zu seinen Füßen an. Es schien ein echter „Berg der Verklärung“ zu sein. Ich war ganz im Geist verloren.
>
> Frank Bartleman

Geschichte

Die Erweckung in der Azusa Street war nicht über Nacht geschehen. Viele Menschen in Los Angeles und anderswo hatten auf ihren Knien für eine Erweckung gebetet. Diese Gebete waren nicht nur ein schnelles Gebet: „Bitte sende!“, sondern sie wurden über viele Jahre hinweg Tag und Nacht gebetet.

William J. Seymour wurde 1870 in Centerville in Louisiana als Sohn ehemaliger Sklaven geboren. Sein Vater, Simon Simon (später in Seymour umbenannt), war sofort nach seinem Eintritt in das Corps d'Afrique in der Unionsarmee im Jahr 1863 befreit worden. Seine Mutter, Phillis Salaba, war nicht freigelassen worden, als Präsident Lincoln 1863 die Emanzipationsproklamation ausgesprochen hatte, denn die Sklaven im Süden Lousianas, in den Gebieten, in denen Zuckerrohr angebaut wurde, waren ausgenommen. Phillis wurde erst befreit, nachdem 1865 der 13. Zusatzartikel zur Verfassung verabschiedet worden war.

Aufgrund des französischen Einflusses in der Region wurde das religiöse Leben im Süden Louisianas von der römisch-katholischen Kirche dominiert. Simon und Phillis Seymour gehörten zu dieser Gemeinde. William wurde katholisch erzogen. Methodisten und Baptisten schickten jedoch Lehrer in den ganzen Süden, um Schulen für die Kinder ehemaliger Sklaven einzurichten. William besuchte eine dieser Schulen. Als er 21 Jahre alt war, starb sein Vater und überließ ihm die Verantwortung für die achtköpfige Familie. Da sie an der Armutsgrenze lebten, machte er sich auf den Weg nach Indianapolis in Indiana, auf der Suche nach Verdienstmöglichkeiten.

Nach mehreren Jahren in Indianapolis und Cincinnati landete er schließlich wieder im Süden, in Houston. William Seymour vertiefte seine geistlichen Erkenntnisse unter der Anleitung von Charles Parham und fühlte sich dann von Gott nach Kalifornien gerufen. Er wurde gebeten, eine kleine Kirche in Los Angeles zu leiten. Nach nur zwei Wochen schlossen ihn die Verantwortlichen aus der Kirche aus. Seymour hatte gelehrt, dass die Taufe des Heiligen Geistes laut der Heiligen Schrift mit dem Reden in Zungen einhergeht – in Sprachen, die dem Sprecher und oft auch den Zuhörern unbekannt sind. In seinen Offenbarungen an Seymour hatte Gott die Schranken der Tradition durchbrochen. Traditionen binden und werden schließlich als Wahrheit akzeptiert, doch sehr vieles davon wurde durch die Schrift widerlegt.

Wachsen und weiterwachsen

Da er bei einem Freund wohnte und nicht wusste, wohin er als Nächstes gehen sollte, hielt Seymour Treffen für kleine Gruppen von Gläubigen ab. Es dauerte nicht lange, bis sie mehr waren, als das Haus fassen konnte, und die Treffen in ein anderes Haus in der *Bonnie Brae Street* verlegten. Dort verbrachten sie viele Stunden inbrünstig im Gebet und baten Gott um die Ausgießung des Heiligen Geistes. Seymour betete für die Wiederherstellung des Glaubens, der den Heiligen an Pfingsten geschenkt worden war. Mehrere in der Gruppe fielen aufgrund des mächtigen Winds des Heiligen Geistes zu Boden und begannen in Zungen zu sprechen. Lobpreis und Herrlichkeit erfüllten die Luft.

Innerhalb weniger Wochen erwies sich auch dieses Haus samt Hof als zu klein für die Versammlungen. Nach langem Suchen fand die Gruppe ein altes Lagerhaus, das früher als Kirche und Pferdestall benutzt und dessen Dach bei einem Feuer zerstört worden war. Im Obergeschoss befanden sich Räume, die als Unterkunft für Seymour und für stille Kontemplation und Gebet genutzt werden konnten. Trotz des Brandes und des Wasserschadens konnte das Erdgeschoss als Versammlungsraum genutzt werden. Und obwohl die Miete nur 8 Dollar pro Monat betrug, erwies es sich als schwierig, diese zusammenzubekommen.

Im Jahr 1906 herrschte in Amerika Rassentrennung und wirtschaftliche Ungleichheit; Frauen hatten nur begrenzte Rechte, Kinder nur wenige. Abgeleitet von den Jim-Crow-Gesetzen durften Afroamerikaner in diesem Teil des Landes nach Sonnenuntergang nicht mehr auf die Straße gehen. Seymour betete um Führung und fühlte sich vom Heiligen Geist geleitet, eines Abends nach dem Treffen in die Straßenbahn zu steigen. Trotz des Risikos blieb Seymour in der Straßenbahn, bis Gott ihn anwies, in dem wohlhabenden, weißen Viertel von Pasadena auszusteigen.

Beten für Erweckung

Einige Monate lang hatten sich einige junge Frauen in einem Haus in Pasadena getroffen, um für eine große Erweckung des Volkes Gottes zu beten. Sie sehnten sich nach einer Erweckung und waren entschlossen, eine Antwort des Himmel zu bekommen. Diese Frauen wollten nicht eher ruhen, bis das geschehen würde. Diese weißen Frauen aus der Oberschicht hatten die Taufe mit dem Heiligen Geist erlebt, was dazu führte, dass sie in Zungen sprachen. Deshalb waren sie in ihrer Heimatgemeinde, einer Baptistengemeinde, nicht mehr willkommen. Die Lehre dieser Kirche stimmte nicht mit dem überein, was den Frauen auf ihrer Suche nach dem Herrn widerfahren war.

Kurz nach 22 Uhr klopfte es an der Tür des Hauses in Pasadena. Es war Zeit für das übernatürliche Treffen, das der allmächtige Gott selbst arrangiert hatte. Die jungen Frauen erlebten eine Überraschung. In einer Stadt mit 238.000 Einwohnern waren nur 5.400 von ihnen Afroamerikaner. Schwester Carney erinnert sich daran, wie es war, als die jungen Frauen die Tür öffneten und einen schwarzen Mann vorfanden, der auf einem Auge blind war und einen erwartungsvollen Gesichtsausdruck hatte.

Sie fragten ihn, was er wolle, woraufhin Seymour sagte: „Ihr betet für eine Erweckung, nicht wahr?“ Sie bestätigten dies mit einem einstimmigen „Ja“. Seymour erklärte kühn: „Ich bin der Mann, den Gott geschickt hat, um in dieser Erweckung zu predigen.“ Aufgeregt baten sie ihn herein. Er predigte zu ihnen und nahm eine Spende entgegen, die ausreichte, um das ausgebrannte Lagerhaus in der Azusa Street zu mieten. Die christliche Welt sollte sich für immer verändern.

Zu Beginn leitete Seymour mehrmals pro Woche Treffen für eine Handvoll Gläubiger. Bald wurden es drei Treffen täglich. Obwohl er oft predigte, ermutigte er andere, sich zu beteiligen, entweder in Form einer biblischen Botschaft oder indem sie den anderen erzählte, was Gott für sie getan hatte. Er machte von Anfang an klar, dass die „Apostolic Faith Mission” (Apostolische Glaubensmission), wie er die Gemeinde nannte, eine integrierte Gemeinde sein würde: „Niemand, den Gott gebrauchen kann, wird wegen seiner Hautfarbe, Kleidung oder mangelnden Bildung abgewiesen.“

Es wurde schnell klar, dass diese erstaunliche Präsenz Gottes mehr Zeit und Raum brauchte. Bald war das Gebäude rund um die Uhr geöffnet. Dutzende, dann Hunderte und schließlich Tausende strömten zu dieser kleinen Mission, um an dieser herrlichen Ausgießung des Heiligen Geistes teilzuhaben. Niemand hatte je so etwas gesehen wie das, was dort geschah. Schon nach zwei Monaten war es nicht ungewöhnlich, dass 1.500 Menschen an einem Sonntagstreffen teilnahmen. Heute führen fast eine Milliarde Menschen ihre christlichen Wurzeln auf die Azusa Street zurück.

Gottes Gegenwart

Die Erweckung war die Antwort auf die vielen Stunden, Wochen und Jahre des Gebets der Gläubigen. Es gab ein Erwachen in Bezug auf das, was mit Gott möglich war. Seine Gegenwart war das bestimmende Merkmal während der Treffen. Dreieinhalb Jahre lang wohnte die Wolke der Schechina-Herrlichkeit im Lagerhaus und füllte oft den gesamten Raum aus und schwebte auch über der Mission. Schechina ist ein hebräisches Wort, das die Wohnstätte Gottes bezeichnet; es ist eine sichtbare Manifestation Gottes auf der Erde.

Seymour stellte klar, dass die Heilige Schrift die Norm für die pfingstliche Praxis in Azusa sein würde. Er war ein sanftmütiger Mann, der mit Gottes Wort vertraut war und viele Teilnehmer mit seiner demütigen Art für sich gewinnen konnte. Die Gaben des Heiligen Geistes, so wunderbar sie auch sein mochten, wurden nicht über Jesus erhoben. Dass Leute errettet wurden, war das Ziel. Diese Versammlungen führten zu einer Überführung von Sünde; Tausende wandten sich Gott zu. Dramatische Bekehrungen geschahen rund um die Uhr; der Spätregen überschwemmte Los Angeles; der heilige Strom begann durch ganze Welt zu fließen.

> Die Treffen wurden vom Geist geleitet, vom Thron Gottes her. Das waren wirklich wunderbare Tage. Ich habe oft gesagt, dass ich lieber sechs Monate in dieser Zeit leben würde als fünfzig Jahre in einem normalen Leben. Aber Gott ist heute noch genau derselbe. Nur wir haben uns verändert.
>
> Frank Bartleman

> Die Erweckung in der Azusa Street brachte ein großes Bewusstsein für den Einen, der uns übernatürlich heimsucht. Alles, was sie in früheren Erweckungen erlebt hatten, war wunderbar, aber es waren nur die Bausteine dafür. Die Wunder, die geschahen, waren in Azusa viel ausgeprägter. Der Heilige Geist kam, und die Leute waren sensibel für seine Gegenwart. Das Feuer der Erweckung verbreitete sich von der Azusa Street aus über das ganze Land und dann um die ganze Welt. An vielen anderen Orten der Welt brach zur gleichen Zeit wie in Azusa eine Erweckung aus. Es war wie ein souveräner Atem Gottes auf der ganzen Erde. Es war wirklich sehr außergewöhnlich. Im letzten Jahrhundert gab es eine dramatische Zunahme von Zeichen und Wundern. Wunder offenbaren auf herrliche Weise das Herz des Vaters für die Menschen.
>
> A.C. Valdez

Erweckung kommt, wenn wir eine Last dafür haben, nicht, weil wir nur Interesse daran haben. Eine Last drückt ein Verlangen aus, das nicht gestillt werden kann, bis es erfüllt ist. Unermüdlich zu beten und nicht aufzugeben, bis der Himmel antwortet, das ist eine echte Last. Es muss eine Dringlichkeit geben, ein echtes Streben nach Erweckung. Wir müssen Gottes Aufmerksamkeit erregen, dann beantwortet er unsere Rufe mit einer großen Ausgießung. Wir müssen uns vor dem Herrn demütigen und sein Angesicht suchen.

Erste Ausgießung

Die großartigsten Erfahrungen der Erweckung in der Azusa Street waren die Wunder, die geschahen. Blinde, Taube, Stumme und Behinderte wurden geheilt. Vollständige Heilungen von „unheilbaren" Krankheiten geschahen, wenn die Gemeindemitglieder für alle beteten, die darum baten. Wenn Seymour dreimal täglich aus seinem Zimmer im Obergeschoss herunterkam, um zu lehren und zu beten, geschahen einige der spektakulärsten Wunder. So stark war seine Salbung durch den Heiligen Geist. Die Manifestation von Gottes Macht stand in direktem Zusammenhang mit der Stärke der

Schechina-Herrlichkeit – die größten Wunder geschahen, wenn die Wolke am dichtesten war.

Die erste Ausgießung der Erweckung in der Azusa Street dauerte von 1906 bis 1909. Viele der Gläubigen, die treu die Mission besuchten, waren junge Teenager; Gott gebrauchte sie mächtig. Tausende von Wundern und Heilungen geschahen. Der Geist von Azusa verbreitete sich in der ganzen Welt, trotz Kontroversen und Kritik, die eine solche Bewegung unweigerlich begleiten. Der Strom der Pilger ergoss sich durch die Vereinigten Staaten, vor allem zu evangelistischen Werken, Camp-Treffen und Gemeinden der Heiligungsbewegung.

Das pfingstliche Feuer, das in Jerusalem begann und Azusa berührte, breitete sich innerhalb von zwei Jahren auf über 50 Nationen aus. Als die Jugendlichen, die an der Apostolic Faith Mission teilnahmen, heranwuchsen, wagten sie sich in die ganze Welt, um die Gute Nachricht von Jesus und der Errettung zu verkünden. Einige folgten dem Ruf Gottes, in der Gegend von Los Angeles zu bleiben. Diese Azusa-Gläubigen verbrachten viele Stunden im inbrünstigen Gebet für die Fortsetzung der Erweckung; Gott wirkte durch sie eine unzählige Anzahl von Wundern.

Als die Zeit fortschritt und diese lieben Menschen in den Ruhestand gingen, wurden einige von ihnen Bewohner des „Pisgah Home", einer christlichen Gemeinschaft, die von Dr. Finis Yoakum gegründet wurde. Zeichen und Wunder folgten ihnen. Jahrelang baten Journalisten und Pastoren diese Azusa-Heiligen, ihre Geschichten öffentlich zu machen. Natürlich wurden ein paar erzählt, aber nicht alle. Wie sollte man das Grandiose auch mit Worten beschreiben, wenn Unerlöste plötzlich in der Herrlichkeit ihrer Erlösung erstrahlen, Behinderte aus ihren Rollstühlen aufstehen und umherrennen, Gehörlose den wunderbaren Klang der himmlischen Chöre hören, Blinde die Majestät dieser Erde sehen, und so vieles mehr?

Wie zuvor wussten die Heiligen von Azusa, was sie zu tun hatten – beten und auf Gottes Antwort warten. Viele Jahre und Jahrzehnte vergingen. In den 1960er-Jahren kam schließlich die Antwort Gottes. Nicht in Form eines hochgebildeten Predigers, sondern in der bescheidenen Gestalt eines ausgerissenen Teenagers namens Tommy Welchel.

Und als der Pfingsttag gekommen war, waren sie alle beieinander an einem Ort. Und es geschah plötzlich ein Brausen vom Himmel wie von einem gewaltigen Sturm und erfüllte das ganze Haus, in dem sie saßen. Und es erschienen ihnen Zungen, zerteilt und wie von Feuer, und setzten sich auf einen jeden von ihnen, und sie wurden alle erfüllt von dem Heiligen Geist und fingen an zu predigen in andern Sprachen, wie der Geist ihnen zu reden eingab (Apg 2,1-4 LUT).

Wir sind Gott gegenüber voller Zuversicht, dass er uns hört, wenn wir ihn um etwas bitten, das seinem Willen entspricht (1 Joh 5,14 GNB).

Ebenso aber nimmt auch der Geist sich unserer Schwachheit an; denn wir wissen nicht, was wir bitten sollen, wie es sich gebührt, aber der Geist selbst verwendet sich für uns in unaussprechlichen Seufzern. Der aber die Herzen erforscht, weiß, was der Sinn des Geistes ist, denn er verwendet sich für Heilige Gott gemäß (Röm 8,26-27).

Diejenigen, die immerfort den Willen Gottes suchen, werden von denen überrannt, die ihn tun.

Reinhard Bonnke

Wir müssen bereit sein, uns von Gott unterbrechen zu lassen.

Dietrich Bonhoeffer

KAPITEL 2

Sei geduldig und sei gehorsam

Tommys Geschichte

Die Weissagung wird ja noch erfüllt werden zu ihrer Zeit und wird endlich frei an den Tag kommen und nicht trügen. Wenn sie sich auch hinzieht, so harre ihrer; sie wird gewiss kommen und nicht ausbleiben (Hab 2,3 LUT).

Der Pazifische Ozean zeigte seine Größe, als mächtige Wellen an das sandige Ufer schwappten. Die zurückweichende Gischt hinterließ Tausende von kleinen Muscheln. Die Sonne strahlte von einem wolkenlosen Himmel und es wehte eine warme, salzhaltige Brise, die jedoch von dem Jungen mit den offenen Wunden am ganzen Körper nicht willkommen geheißen wurde. Niedergeschlagen saß Tommy auf dem seidenen Sand – hungrig, wund und verängstigt.

Er konnte nirgendwo hin und kannte niemanden in Los Angeles. Als er sich Vorwürfe darüber machte, dass er sich mit seinem Mitbewohner Teddy um ein Mädchen gestritten hatte, wurde ihm klar, was ihn sein Verhalten gekostet hatte. Dass er den Streit gewonnen hatte, tröstete ihn nicht, denn Teddys Großmutter hatte ihn rausgeschmissen, weil er Teddy verletzt hatte. Zu allem Übel bekam dieser auch noch das Mädchen, während Tommy nun obdachlos war und sein Magen ununterbrochen knurrte. Er hatte einen Onkel in Bakersfield, aber er wusste nicht, wie er dorthin kommen sollte, und hatte auch kein Geld dafür. Alles, was er tun konnte, war, dort zu sitzen und nicht zu weinen.

Nachdem er sich mehr als zwei Stunden lang den Kopf zerbrochen hatte, hatte Tommy sich damit abgefunden, sein Leben außerhalb des Gesetzes weiterzuführen. Draußen zu schlafen war seine einzige Möglichkeit. Essen war ein ganz anderes Problem.

Aus den Augenwinkeln sah Tommy zwei ältere Damen, die den Boulevard entlanggingen und auf ihn zukamen. Er vermutete, dass sie kamen, um ihm von Jesus zu erzählen. Sie waren bescheiden gekleidet und hatten ihre Haare zu einem hochgesteckten Dutt zusammengebunden. Es erinnerte ihn an die Frauen mit den gleichen Frisuren bei den Zeltevangelisationen, zu denen ihn seine Mutter als Kind mitgenommen hatte. Eine der Frauen war die Eigentümerin des Wohnhauses, aus dem er gerade von Teddys Großmutter rausgeschmissen worden war. Obwohl er sie nur sporadisch gesehen hatte, war es wenigstens ein Gesicht, das er wiedererkannte.

Wie vermutet, kamen die beiden Damen auf ihn zu und setzten sich links und rechts neben ihn. Die Vermieterin fasste ihn an der Hand, während die Frau, die „Schwester Goldie" genannt wurde, über das Evangelium sprach. Obwohl Tommy schon einmal Jahre auf der Straße überlebt hatte, erinnerten ihn das Verhalten und die Freundlichkeit dieser Frauen an die tröstende Art seiner Großmütter – eine willkommene Abwechslung.

Bald erinnerte ihn aber sein knurrender Magen daran, dass er sich um das wirkliche Leben kümmern musste. Sein betrügerischer Hang wurde aktiviert. Da er dachte, die Frauen würden ihm Geld oder etwas zu essen geben, tat er, was sie ihm sagten, obwohl er Gott schon mit 14 Jahren aufgegeben hatte.

Schwester Goldie fragte Tommy, ob er seine Sünden bereuen und Vergebung suchen wolle. Tommy stimmte eilig zu und begann zu beten. Als die Worte aus seinem Mund kamen, durchströmte eine starke Hitze seinen Körper zusammen mit der Überzeugung, dass er zurück zur Gemeinde des Herrn kommen wollte. Er begann zu weinen. In diesem Moment änderte sich sein Leben für immer.

Als die Vermieterin erfuhr, dass der junge Tommy nirgendwo hinkonnte, nahm sie ihn bei sich zu Hause auf und ließ ihn auf ihrer Couch schlafen, nachdem sie ihn mit einem leckeren Essen versorgt hatte. Am nächsten Tag begaben sich Schwester Goldie und Tommy auf eine lange Busfahrt zur Pisgah-Gemeinschaft. Das wurde für die nächsten sechs Jahre sein Zuhause. Tommy wurde zum Werkzeug für die Heiligen der Azusa Street, um ihre wundersamen Geschichten mit der Welt zu teilen. Ein neuer Nebenfluss von Gottes Erweckungsstrom bildete sich. Viele Jahre später wurde dieser junge Mann Teil des übernatürlichen Stroms der Herrlichkeit des Vaters, der sich über die ganze Welt ausbreitet.

Tommy erzählt

Ich wurde am 6. Mai 1943 als Sohn von Jimmy Charles Hendrix und Clarence Alexander Welchel in Grady County, Oklahoma, geboren. Meine Mutter wurde Jimmy genannt, weil ihr Vater einen Jungen gewollt hatte. Sie nannten mich Thomas Charles Welchel, nach meinen beiden Großvätern. Daddy war ein Landwirt in unserer Stadt Chickasha und züchtete Pferde, Kühe, Schweine und Hühner. Wenn er nicht im Gefängnis war, war er ein Tausendsassa. Und, Junge, seine Kochkünste waren wirklich nicht von dieser Welt. Außerdem destillierte er Maisschnaps, an dem unsere Familie später zerbrechen sollte. Mama konnte weder lesen noch schreiben, aber sie war eine gottesfürchtige Frau, die elf Kinder großzog; ich war das älteste. Als ich in ihrem Bauch war, empfing sie den Heiligen Geist, der ihr sagte, dass sie einen Jungen bekommen würde, der einmal ein Prediger sein würde. Offenbar hatte er von Anfang an Pläne für mich, obwohl ich mein Bestes tat, um vor ihm wegzulaufen.

Da ich der Älteste und in ihren Augen dazu bestimmt war, ein Prediger zu werden, schleppte mich Mama zu allen großen Zeltversammlungen. Als Kind hörte ich vielen großen Männern Gottes zu, darunter William Branham, Jack Coe, A.A. Allen und Oral Roberts. Die Samen, die schon so früh gesät wurden, schlugen in mir Wurzeln und beeinflussten mich mehr, als ich mir je hätte vorstellen können. Ich war sieben Jahre alt, als ich Branham 1950 in Houston sah. Ich sah tatsächlich diesen Heiligenschein über seinem Kopf, der aussah, als würde er atmen. Das hat mich zu Tode erschreckt! Gut, dass wir ganz hinten saßen. Ich weiß noch, dass ich unter die Sitzbank gekrochen bin und mich an die eisernen Beine geklammert habe, um mich von diesem Mann fernzuhalten. Oft beschwerte ich mich bei Mama darüber, dass sie mich zu den Gottesdiensten zwang, während meine Geschwister das nicht mussten. Sie sagte mir, sie wolle, dass ich unter die Salbung dieser Männer Gottes komme, weil ich einmal ein Prediger werden solle.

Als ich acht Jahre alt war, hat Oral Roberts für mich gebetet, und das wurde sogar im Fernsehen übertragen. Plötzlich legte er mir die Hände auf die Stirn. Wow! Es fühlte sich an, als käme Elektrizität aus seinen Händen. Es begann an meiner Stirn, ging meinen ganzen Körper hinunter und kam aus meinen Füßen heraus. Er legte seine Hand eine ganze Weile auf meinen Kopf. Ich wusste nicht, wofür das gut war, aber offensichtlich war es für das, was ich heute tue.

Ich habe mitgemacht, bis ich ungefähr 14 Jahre alt war. Meine Welt brach zusammen, als Daddy ins Gefängnis kam und wir die Farm verloren. Das einzig Gute daran, dass Daddy ins Staatsgefängnis in McAllister kam, war, dass er mich nicht mehr mit seinem Rasierriemen schlagen konnte, bis ich blutete. Er war ein gemeiner Mann. Als wir die Farm verlassen mussten, war mein Hund Rusty das Einzige, was ich mitnehmen konnte. All diese Ereignisse lösten meine rebellische Phase aus. Ich wollte nichts mehr mit dem Evangelium zu tun haben und ging nicht mehr zu den Evangelisationsveranstaltungen. Das Leben war dabei, richtig hart zu werden.

Ich fing an zu stehlen, um etwas zu essen zu haben. Ich schlief in leerstehenden Häusern, auf Heuböden und in Straßengräben außerhalb von Bars. Manchmal blieb ich zu Hause, aber meistens nicht. Ich stahl Sachen von der Wäscheleine, egal ob ich sie brauchte oder nicht. Wenn sie mir passten, trug ich sie, wenn nicht, warf ich sie in den Müll. Ich brach in Häuser ein und stahl alles Wertvolle, alles, was ich verkaufen oder tauschen konnte. Ich verbrachte einige Zeit im Gefängnis, um für diese Verbrechen zu büßen, aber das hat mich nicht lange abgeschreckt. Irgendwann holte mich das Gesetz ein. Mein Freund Glen erzählte mir, sie seien mächtig hinter mir her und hätten einen Haftbefehl gegen mich. Sie wollten mich ein für alle Mal von der Straße holen, sogar mit der Prämisse, dass ich nicht mehr freikommen würde. Ich wusste, dass meine Zeit abgelaufen war.

Da ich als guter Dieb bekannt war, kannten mich auch andere in diesem Geschäft. Ich hätte mit dir irgendwo sitzen können und mit dir reden, um anschließend mit dem Inhalt deiner Tasche zu verschwinden, ohne dass du es gemerkt hättest. Mein Freund Teddy und seine Großmutter waren aus Kalifornien und baten mich, mit ihnen nach Venice Beach zu fahren, um dort unsere Diebstähle fortzusetzen. Obwohl Kalifornien keinen Reiz auf mich ausübte, beschloss ich, dass es meine einzige Möglichkeit war, das Gefängnis zu vermeiden. Mit 17 Jahren verließ ich Oklahoma, nur mit den Kleidern, die ich am Leib trug, und ein paar Kisten mit erbeuteten Sachen. Ich war auf der Flucht – geradewegs in die Arme des Allmächtigen.“

Pisgah

Im Jahr 1895 eröffnete Dr. Finis Yoakum einen Hilfsdienst in Highland Park, einer Stadt etwa 8 km von Los Angeles entfernt. Nachdem er auf wundersame Weise von einer schweren Verletzung geheilt worden war, sagte Gott ihm durch Visionen, er solle eine Einrichtung für Bedürftige eröffnen. Er versprach, den Rest seines Lebens damit zu verbringen, den sozial Ausgestoßenen, den Armen und den Kranken zu dienen. Er war ein früher Evangelist der Pfingstbewegung.

In den Jahren der Erweckung in der Azusa Street beherbergten Dr. Yoakum und seine Frau Mary viele der Teilnehmer im sogenannten „Pisgah Home“. Was mit einem Haus begann, in dem anfangs acht Personen wohnten, entwickelte sich zu Dutzenden von einfachen Häusern, in denen bis zu 150 Personen wohnen konnten. Wenn es dort keinen Platz mehr gab, übernachteten die Leute oft in Zelten und Pferdewagen auf dem Grundstück. Yoakum nutzte seine Scheune für Gottesdienste und Heilungsveranstaltungen. Aus der ganzen Welt kamen Spenden, um den Betrieb zu unterstützen. Die Bewohnerinnen und Bewohner aßen selbstgekochte Mahlzeiten, besuchten Bibelkurse und bekamen Aufgaben rund um das Heim.

> Yoakum ging durch die Nebenstraßen zu den Ausgestoßenen und rief sie auf, sich Christus zuzuwenden. Erst einer nach dem anderen, dann in Scharen folgten die Ausgestoßenen der Gesellschaft dem eifrigen Arzt mit dem weißen Haar und dem gepflegten weißen Bart. Trunkenbolde und Krüppel, Bettler und

Gewohnheitsverbrecher – er freundete sich mit ihnen allen an und predigte ihnen die Liebe Gottes.

Los Angeles Times, 1952

Dr. Yoakum starb 1920, aber der Hilfsdienst blieb seinem Weg treu. Von 1950 bis 1993 wurde das Pisgah Home von Reverend Harold James Smith geleitet. Bruder Smith publizierte von dort aus den Newsletter „Herald of Hope" und die Radiosendung „Prayer Tower". Als er die Leitung übernahm, hatten sich viele der jungen Leute, die in den frühen 1900er-Jahren an der unglaublichen Erweckung in der Azusa Street teilgenommen hatten, altershalber nach Pisgah zurückgezogen. Die Möglichkeit, dort den gebrochenen Menschen zu dienen und die Gemeinschaft anderer Zeugen zu genießen, zog an. Tommy kam 1960 in dieser „Bastion der Anbetung und Wunder" an. Die nächsten sechs Jahre seines Lebens sollten den Grundstein legen für das, was schließlich die ganze Welt beeinflusste.

Tommy erzählt

Es war überwältigend, als Schwester Goldie und ich in Pisgah ankamen. Ich konnte nicht glauben, dass ich genug zu essen, ein weiches Bett und so viele Menschen um mich hatte, die sich um mich kümmerten. Außerdem war ich ein wiedergeborener Christ und spürte die Liebe Gottes an jeder Ecke. Ich war hungrig danach, mehr zu lernen und mehr für ihn zu tun. Bald merkte ich, dass viele der Bewohner bei der großen Erweckung in der Azusa Street dabei gewesen waren. Viele der Prediger, denen ich als Kind zugehört hatte, hatten über diese wunderbare Erweckung gesprochen. Bruder Smith, der Leiter von Pisgah, erzählte mir mehr darüber und welche der Bewohner daran teilgenommen hatte.

Ich wollte mehr wissen, aber ich war damals sehr schüchtern. Einer der Heiligen, Bruder Carl Cantrell, betete für mich, dass ich heilige Kühnheit erhalte. Gott erhörte dieses Gebet, und dann fing ich an, zu diesen Heiligen zu gehen und sie um ihre Geschichten zu bitten. Damals wollten sie sie mir aber noch nicht erzählen ... Gott lässt sich nicht drängen.

Nachdem ich etwa einen Monat in Pisgah verbracht hatte, sagte mir Schwester Laura Langtroff, dass ich die Taufe mit dem Heiligen Geist und die darauffolgenden Zeichen bräuchte, also das Sprechen in Zungen. Meine Mutter hatte das ständig getan, also wusste ich, um was es ging. Ich wusste aber nicht, ob ich es wollte oder nicht. Schwester Laura bat mich, das neunte Kapitel der Offenbarung zu lesen und zu überlegen, ob ich das auch wollte. Nun, ich habe es gelesen. Über Dinge zu lesen, wie riesige Skorpione, die mich stechen, und Felsen, die auf mich fallen, machte mir Angst.

Die Einzigen, die sich nicht daran störten, waren diejenigen, die den Namen Gottes auf ihrer Stirn stehen hatten. Ich fragte Schwester Laura: „Wie bekomme ich den Namen Gottes auf meine Stirn?" Sie erklärte mir, ich bekäme es, wenn ich anfinge, in Zungen zu sprechen. Ich wollte unbedingt die Gabe der Zungenrede haben. Am nächsten Abend sang eine Gruppe von Leuten, darunter auch Bruder Smith, alte Pfingstlieder und brachte sie uns bei. Einer aus der Gruppe, John Baker, fragte mich, ob ich die Taufe des Heiligen Geistes empfangen wolle. Das wollte ich unbedingt! Gott goss seinen Geist auf mich aus und ich begann in Zungen zu sprechen.

William Branhams Prophetie 1960

Etwa einen Monat nachdem Tommy die Taufe im Heiligen Geist empfangen hatte, war er an einem Samstagmorgen in Clifton's Cafeteria in der Innenstadt von Los Angeles. Er und 200 andere nahmen an einem Treffen der *Full Gospel Businessmen*[1] teil. William Branham war der Gastredner. Tommys Angst vor Branham aus seiner Kindheit war längst verflogen, also verwickelte er Branham in ein Gespräch. „Preist den Herrn, Bruder Branham", sagte Tommy. Branham sah Tommy an und ging an ihm vorbei. Er machte aber nur einen Schritt und drehte sich dann um, lachte, zeigte mit dem Finger auf Tommy und sagte: „Du bist derjenige." Er ging nicht weiter darauf ein, sodass Tommy sich fragte, was Branham genau

[1] „Geschäftsleute des vollen Evangeliums" (heute: „Christen im Beruf").

meinte. Nur zwei Tage später kamen einige der Azusa-Heiligen zu Tommy und sagten, sie seien nun bereit, ihm ihre Wundergeschichten zu erzählen.

Tommy sagte: „Die Heiligen hatten einigen Leuten ein paar ihrer Geschichten erzählt, aber sie warteten darauf, dass Gott sie zu der Person führen würde, der sie all ihre Geschichten erzählen konnten. Sie sagten mir: ‚Bruder Tommy, wir fühlen uns vom Herrn geführt, dass du der Eine bist.' Ich fragte Schwester Carney: ‚Der eine was?' Sie antwortete: ‚Derjenige, dem wir unsere Geschichten erzählen sollen.' Schon viele Leute hatten diese Heiligen gebeten, ihre Geschichten zu erzählen, wie z. B. Demos Shakarian, Tommy Hicks oder David du Plessis. Aber sie wollten sie ihnen nicht erzählen. Ich war erst 17 Jahre alt, als ich zum ersten Mal bei diesen alten Azusa-Heiligen saß und ihnen zuhörte. In den nächsten sechs Jahren hörte ich ihre Geschichten jede Woche wieder und wieder. Die meisten von ihnen wohnten in Pisgah, aber ein paar auch woanders. Ich besuchte sie alle und wurde nie müde, zu ihren Füßen zu sitzen, Kekse zu essen, Milch zu trinken und zuzuhören. Diese großen Heiligen erzählten ihre Erinnerungen an diese unglaubliche Bewegung Gottes und wie er die willigen und treuen jungen Menschen in der Azusa Street benutzte. Ein weiteres gesegnetes Ereignis, das während meiner Zeit in Pisgah geschah, war die Versöhnung mit meinem Vater. Darüber hinaus lernte er den Herrn kennen und lieben. Zu dieser Zeit schien das der beste Segen zu sein, den ich je haben konnte. Wenn wir gehorsam sind, wird Gott uns immer mehr segnen."

Die Zeit verging schnell. Tausende kamen immer noch nach Pisgah, um die Azusa-Heiligen zu bitten, für sie zu beten. Ständig geschahen Wunder. Das war die Atmosphäre, die Tommy täglich erlebte. Seine Beziehung zum Herrn wurde tiefer. Gott schenkte ihm wunderbare Visionen. Er betete inbrünstig und wandelte im Gehorsam gegenüber dem Herrn. Wenn er für die Kranken betete, heilte Gott sie auf wundersame Weise. Da er nicht mehr schüchtern war, ging er ins Armenviertel und sprach mit den Menschen über Jesus. Bruder Smith nannte Tommy „den jugendlichen Feuerball von Pfingsten". Er beobachtete die Heiligen ständig.

„Was auch immer sie taten, tat ich auch. Jedes Mal. Die Kraft Gottes kam auf mich. Ich habe es einfach nachgemacht, ohne sie nachzuäffen. Ich wollte, was sie hatten, also tat ich, was sie taten. Du musst hungrig sein“, sagte Tommy. „Eines Tages fragte ich Bruder Sines, wofür er betete, als sie mir die Hände auflegten. Er sagte, sie würden ihre Salbung auf mich übertragen. Das erstaunte mich. Wenn du nicht glaubst, empfängst du nicht. Zweifelst du, verzichtest du. Das sind die Geschichten, die mir die Heiligen erzählt haben. Es sind nicht meine Geschichten; ich glaube sie einfach.“

Tommy wohnte im Männerwohnheim und verdiente sich seinen Lebensunterhalt, indem er Veranstaltungen vorbereitete, den Newsletter mit einer Auflage von 60.000 Exemplaren verschickte und viele andere Aufgaben erledigte, um die man ihn bat. Eines Tages, als er in der Stadt Plakate für ein bevorstehendes Gebetstreffen aufhängte, traf er ein hübsches Mädchen mit blonden Haaren und funkelnden blauen Augen, das ihm den Atem raubte. Er und Marlene Ruth DeNebers heirateten bald darauf in Pisgah. Demos und Steven Shakarian, Tommy Hicks, David du Plessis und viele andere große Leiter Gottes waren anwesend, während die Heiligen von Azusa voller Freude zusahen. Marlene sah wunderschön aus; Tommy war dankbar, dass Gott sie in sein Leben gebracht hatte. Bis zuletzt raubte sie ihm immer noch den Atem.

Tommy erzählt

Tommy Hicks' Prophetie 1962

1961 lernte ich Tommy Hicks kennen, einen Prediger der Assemblies of God. Bruder Hicks war der berühmte Evangelist, den Gott berufen hatte, Erweckung nach Argentinien zu bringen. Junge, was hat Gott alles durch ihn getan! Millionen von Menschen wurden gerettet.

Als Bruder Hicks 1962 eines Nachmittags Pisgah besuchte, gingen er und ich in der Nähe des Rose-Bowl-Stadions spazieren, und er erzählte mir von einer Vision, die er immer wieder hatte. In seinem Traum gab es einen Berg, der die Gemeinde darstellte. Dieser begann zu schmelzen und es floss ein Strom aus ihm heraus. Ab und zu stand ein Riese auf und stieg aus dem Strom. „Nennt sie Riesen oder Generäle. Ich nenne sie Riesen“, sagte Hicks. Er fuhr fort:

„Tommy, in vielen Jahren wirst du einer dieser Riesen sein." Ich war erst 19 und davon peinlich berührt. Ich sagte ihm, diese Giganten seien er, Smith, Roberts, Branham, Shakarian und andere. „Hör damit auf! Nimm das ernst, Bruder Tommy, hör mir zu. Wir werden nicht mehr da sein, aber du", sagte er. Mir war nicht klar, dass das, wovon er sprach, mehr als 40 Jahre später geschehen würde. Gottes Zeitplan ist nicht der unsere. Ich musste eine Weile geduldig sein.

Der Himmel 1960, 1961, 1963

Ich habe dreimal in meinem Leben den Himmel besucht. Lass mich dir davon erzählen ...

Im Dezember 1960 besuchte ich eine Veranstaltung mit Kathryn Kuhlman in Los Angeles. Frau Kuhlman reiste um die Welt und hielt Heilungsevangelisationen ab. Tausende von Menschen wurden bei ihren Versammlungen geheilt. Einige Freunde aus Pisgah und ich saßen auf dem Balkon eines riesigen Saals. Ich konnte die Wolke der Schechina-Herrlichkeit um sie herum leuchten sehen. Frau Kuhlman zeigte auf unseren Bereich und sagte: „Ich sehe den Heiligen Geist, und er ist genau dort." Plötzlich fielen alle Menschen in unserem Bereich durch die Kraft des Geistes um. Ich war augenblicklich im Himmel.

Ich landete auf einem Stück Gras, das sich im Wind bewegte. Das Gras gab ein Geräusch von sich, das an das Schnurren einer Katze erinnerte, und streichelte mich, als ich mit der Hand darüberfuhr. Es gab viele Blumen, einige sahen aus wie riesige Tulpen, und der Geruch war unglaublich. Der Duft, der ihm am nächsten kommt, sind Orangenblüten. Klassische Musik spielte, während die Sonne auf mich herabschien. Es gab Tiere, aber keine Gebäude. Menschen liefen an mir vorbei. Alle hatten ein strahlendes Gesicht; niemand hatte Falten. Obwohl niemand älter als dreißig aussah, hatten einige graue Haare. Mit einem Mann unterhielt ich mich eine ganze Weile. Das beste Wort, um zu beschreiben, was ich fühlte, ist Frieden.

Im August 1961 besuchte ich meine Mutter in der kleinen Stadt Wright City in Texas. Sie ging dort in die United Pentecostal Church. Damals war Warren K. Poe der Prediger. Ihre Art, Gott anzubeten, war mir fremd, aber es dauerte nicht lange, bis ich damit zurechtkam. Die Kraft Gottes war sehr stark; ich spürte, wie sie herabkam. Die Gegenwart Gottes hat einen Klang und ein Gewicht. Ich musste mich an der Banklehne vor mir festhalten, um mich zu stabilisieren. Bruder Poe sagte: ‚Hier ist ein junger Mann, der seine Mutter besucht. Wenn er die Kirchenbank loslässt, werden wir eine Erweckung erleben. Wer war ich, dass ich den Fluss des Geistes aufhalten sollte? Ich ließ die Kirchenbank los.

In dem Moment, als ich das tat, war ich im Himmel. Ich landete auf der gleichen Wiese, die so lebendig war. Ich spielte mit Hunden und Pferden und beobachtete die kristallklaren Bäche. Ich lächelte die Leute an, die vorbeigingen, und sprach mit ihnen. Nicht viele Menschen erinnerten sich daran, was auf der Erde passiert war. Im Himmel gab es kein Bewusstsein für Zeit. Derselbe Mann, mit dem ich bei meinem früheren Besuch im Himmel gesprochen hatte, erklärte mir, was mit den Babys passierte, die im Mutterleib ermordet worden waren. Sie wachsen im Himmel auf. Als ich auf die Erde zurückkam, jubelte die ganze Gemeinde und lobte Gott. Meine Mutter war verblüfft. Die Leute erzählten mir dann die unglaubliche Geschichte, ich sei mit meinem jüngeren Bruder Terry durch die Gänge der Kirche gerannt, sogar über die Lehnen der Kirchenbänke, und hätte nicht ein einziges Mal das Gleichgewicht verloren. Ich kann mich an nichts davon erinnern ... nur daran, dass ich die Kirchenbank losgelassen habe.

1963 saß ich auf der Chorempore der Kirche in Pisgah. An diesem Tag waren viele Leute in der Versammlung – Tommy Hicks, David du Plessis, Dennis Bennett und die Azusa-Heiligen. Bruder Smith kündigte an, der Gottesdienst werde um 11 Uhr beginnen. Zu dieser Zeit begannen wir, den Herrn anzubeten. Ich hob meine Hände zum Lobpreis und war augenblicklich wieder im Himmel. Als ich auf der gleichen Wiese landete, spielte ich dort eine Weile. Das Gras spielte wieder mit mir. Ich besuchte viele Menschen im Himmel. Ich wollte nicht mehr in diese Welt zurückkehren. Als ich nach Pisgah zurückkehrte, dachte ich, es seien etwa vier Sekunden vergangen. Bruder Smith und andere sagten mir, es sei jetzt ein Uhr; der Gottesdienst sei zu Ende. Ich dachte, sie würden mich veräppeln. Ich war zwei Stunden lang im Stehen erstarrt, umgeben von einem Zylinder der Schechina-Herrlichkeit. Als ich wieder zu mir kam, weinten Bruder Sines und Bruder Christopher wie Babys.

Das war meine letzte Vision des Himmels. Ich habe ihn nicht wieder gesehen, aber ich habe ihn gespürt. Ich habe die Schechina-Herrlichkeit in Pisgah mehrmals gesehen. Ein paar Mal habe ich den Duft der Orangenblüten geschnuppert. Was für ein wunderbarer Geruch!

Jeden Tag durchlebe ich meine Reisen in den Himmel neu.

Besuch von Jesus 1963

David du Plessis war ein Botschafter der Pfingstbewegung in der ganzen Welt. Er besuchte Pisgah ziemlich häufig. Ich wollte unbedingt eine direkte Begegnung mit dem Herrn. Bruder David sagte mir, ich solle einfach anfangen, „Jesus" zu flüstern und er würde zu mir kommen. Ich ging zu meinem Lieblingsversteck, oben auf dem Dachboden der Kirche. Ich hatte überall in Pisgah Verstecke, wenn ich allein sein wollte. Da es auf dem Dachboden dunkel war, hatte ich meine Taschenlampe dabei. Ich fing an, „Jesus" zu flüstern. Ich dachte, ich hätte es nur fünf oder sechs Mal geflüstert, aber plötzlich ging der Wecker, den ich auf zwei Stunden eingestellt hatte, los. Ich schaltete ihn aus und erstarrte dann. Da drinnen war es taghell. Meine Taschenlampe war nicht einmal an. Ich dachte: Das Licht, das Licht ... Jesus!

Ich schaute hin und sah wunderschöne, juwelenbesetzte Sandalen und ein schneeweißes Gewand mit Gold und winzigen Juwelen darauf. Dann schaute ich hoch, und da war Jesus. Ich sprang auf und umarmte ihn mit einer heftigen Umarmung um die Taille und legte meinen Kopf auf seinen Bauch. Ich wollte meinen Herrn nicht mehr loslassen! Seine Hand streichelte über meinen Hinterkopf. Er sagte: „Tommy, hab Geduld und sei gehorsam." Das wiederholte er immer wieder.

Plötzlich war es draußen taghell. Ich glaube, er hat mich einfach in den Schlaf geredet, denn das war der einzige Weg, um mir zu entkommen. Ich wollte nicht loslassen. Ich fragte mich, was es mit dieser Erfahrung auf sich hatte. Später wollte ich oft jemandem eine der Azusa-Geschichten erzählen. Doch in den nächsten 40 Jahren hörte ich immer die Worte Jesu: „Hab Geduld und sei gehorsam."

Prophetie von Jean Darnell 1966

Jean Darnell war stellvertretende Pastorin im Angelus-Tempel, der 1923 von Aimee Semple McPherson gegründet worden war. Sie war weltweit für ihren prophetischen Gebetsdienst bekannt. Eines Tages besuchte sie das Büro des „Herald of Hope" in Pisgah, wo Tommy arbeitete. Sie sagte Tommy, dass sie ein Wort des Herrn für ihn habe. „Der Herr zeigt mir, dass all diese Geschichten, die dir die Heiligen der Azusa Street erzählt haben und die du dir angehört und auswendig gelernt hast, eines Tages in einem Buch veröffentlicht werden." Tommy dankte ihr für ihre freundlichen Worte und verbarg sie dann in seinem Herzen. Schwester Jean nannte Tommy den „Liebling der Azusa-Street-Heiligen"; das ließen sie ihn nie vergessen.

~~~~~~~

Tommy setzte seinen Weg mit Gott fort. 18 Jahre lang hatte er einen Gefängnisdienst. Da er selbst einige Male im Gefängnis gewesen war, kannte er die Traurigkeit und Leere, mit der die Männer zu kämpfen hatten. Von Beruf war er Privatdetektiv.

Im Laufe der Jahre besuchte er viele Gemeinden und evangelistische Werke. Er erlebte Hunderte von Wundern. Er traf Tausende Menschen, die für Gott brannten und am Aufbau des Reiches Gottes arbeiteten. Eine davon war Dr. Billye Brim auf dem Prayer Mountain in den Ozark-Bergen von Branson, Missouri. Sie brachte Gottes Wort durch ganz Europa, Skandinavien und die ehemalige Sowjetunion. Als Tommy einmal an einem ihrer Treffen teilnahm, war er tief im Gebet versunken. Plötzlich brach einer ihrer Kameraleute zusammen und starb. Tommy setzte sein inbrünstiges Gebet fort, bis er hörte, wie Gott ihm sagte: „Jetzt." Daraufhin ging er zu dem Mann, legte ihm die Hände auf und betete, dass Gott ihn von den Toten auferwecken möge. Der Mann kam zurück ins Leben! Er erzählte Tommy, er habe seinen Körper verlassen und sich nach oben durch das Dach hindurchbewegt. Er sah, wie Tommy zu ihm hinging, ihm die Hände auflegte und zu beten begann. Dann hörte er eine Stimme sagen: „Geh zurück!" „Der Mann ist immer noch gesund und munter wie ein junger Stier", sagte Tommy.
~~~~~~~

Tommy 2006

Ich bin keiner, der versucht, Gottes Prophezeiungen wahr zu machen. Wenn mir etwas prophezeit wird, vergesse ich es nie. Aber ich überlasse es Gott, sich darum zu kümmern. Gott soll mir zeigen, was er mir zeigen will ... Ich gehe mit Gott. Wenn es funktioniert, dann bleibe dabei ... es sei denn, du findest etwas in der Bibel, das etwas anderes sagt.

Jahrelang sagte mir der Heilige Geist immer wieder, ich solle geduldig sein, glauben und gehorsam sein. Du kannst dir nicht vorstellen, wie es war, 40 Jahre lang darauf zu warten, diese wunderbaren Geschichten zu erzählen. Jeden Tag wollte ich sie erzählen. Ich habe nicht einmal meiner Frau Marlene davon erzählt. Das war nicht leicht. Aber ich möchte nicht irgendwo hingehen und auch nicht etwas tun, wenn es nicht von Gott ist. Wir müssen aufpassen, dass wir ihm nicht vorauseilen. Im Jahr 2006 sagte Gott mir, es sei an der Zeit, diese erstaunlichen Geschichten mit der Welt zu teilen. Es sind nicht meine Geschichten. Ich erzähle sie nur anderen weiter, so wie die Heiligen sie mir erzählt haben. Es sind ihre Geschichten! Im April desselben Jahres ging ich zu meinem Prediger, Pastor Paul, und sagte ihm, Gott habe gesagt, ich könne nun die Geschichten der Heiligen aus der Azusa Street erzählen. Er machte mich darauf aufmerksam, dass es der 100. Jahrestag des Beginns der Erweckung in Bonnie Brae und Azusa Street war. Gott hat es einfach perfekt arrangiert. All diese Heiligen im Himmel feierten, und Gott sagte mir, ich solle ein Buch schreiben. Nichts ist zufällig. Ja, das hat mich begeistert! Man muss vorbereitet und offen sein, wenn der Heilige Geist einem sagt, was man tun soll. Also machte ich mich an die Arbeit und ließ die Geschichten drucken. Schwester Billye las mein Buch im Radio ihren vielen Hörern vor; das Buch ging weg wie verrückt. Kurz nach der Veröffentlichung des Buches fand auf dem Prayer Mountain (Gebetsberg) ein Treffen statt. Eine Dame predigte und prophezeite, die Heiligen Gottes würden jemandem einen Besuch abstatten.

Am nächsten Tag war ich auf dem Weg, mit Schwester Billye ein Interview über das Buch zu führen. Da hatte ich eine Vision, in der jede(r) der Heiligen aus der Azusa Street vorbeikam, eine(r) nach dem anderen, und mich anlächelte. Was für ein Segen, diese lieben Freunde wiederzusehen. Ich fragte Gott: „Warum ich? Warum durfte ich all die Menschen treffen, die ich getroffen habe? Branham, Roberts, Shakarian, du Plessis, Pat Robertson, Lois Irwin, Doris Akers und so viele mehr?" Gott sagte: „Für diese Zeit."

Du musst es Gott tun lassen. Wenn er dir sagt, du sollst etwas tun, dann tu es! Wäre ich in den frühen 1960er-Jahren missionarisch tätig geworden, als ich das wollte, hätte ich es vermasselt. Dieser Bauernjunge aus Oklahoma ist inzwischen in vielen Ländern der Welt unterwegs gewesen. Gehorsam ist dein größter Erfolg.

Tommy 2010

Im September 2010 ging es mir nicht gut. Nach einem schlechten Wochenende machte ich mich am Montagmorgen auf den Weg zu meinem Arzt. Als ich in seiner Praxis ankam, stand auf einem Schild, sie sei an einen anderen Ort verlegt worden. Ich stieg ins Auto, um dorthin zu fahren, aber ich merkte, dass ich es nicht dorthin schaffte. Ich sah dann ein Schild, auf dem „Notfallambulanz" stand. Ich hielt an und taumelte in die Klinik. Nachdem ich der Empfangsdame gesagt hatte, dass ich einen Arzt oder eine Krankenschwester brauche, wurde ich ohnmächtig. Als ich wieder zu mir kam, waren ein Krankenwagen und die Feuerwehr da. Der Sanitäter sagte mir, ich hätte gerade drei Herzinfarkte und müsse sofort ins Krankenhaus gebracht werden, weil ich sonst sterben würde.

Ich rief Marlene an und sagte ihr, ich hätte einen Herzinfarkt und sei auf dem Weg ins Krankenhaus. Sie rief Billye Brim an und bat um Gebet. Marlene sagte, Billye habe zusammen mit etwa einem Dutzend Menschen etwa 20 Minuten lang auf dem „Prayer Mountain" gebetet; sie habe es sogar im Radio angekündigt und die Hörer gebeten, für mich zu beten. Dann rief ich Billyes Gebets-Hotline an und sprach mit Mike, einem Freund. Ich erzählte ihm, was passiert war. „Wenn Gott nicht eingreift, werde ich heimgehen. Mal sehen, was er tun wird; ich will, dass sein Wille geschieht", sagte ich.

Als ich im Krankenhaus ankam, sagte der Chirurg zu mir: „Herr Welchel, wir wissen nicht, warum wir hier sitzen und mit

Ihnen reden. Eigentlich sollten Sie tot in der Leichenhalle liegen. Sie sind tot. Die Arterie, die in Ihr Herz führt, funktioniert nicht, die Arterie, die aus dem Herzen kommt, funktioniert nicht, und Ihr Herz schlägt nicht. Wir werden operieren und sehen, was Gott tun wird. Ich betete zu Gott und sagte, es sei in Ordnung, wenn er mich nach Hause hole. Er hatte mich ja schon dreimal in den Himmel gebracht, wo es mir wirklich gut gefiel. Inzwischen war meine Tochter bei mir im Krankenhaus. Ich lächelte sie immer wieder an. Ich lag dann zwei Wochen lang im Koma. Als ich aus dem Koma erwachte, fragte mich meine Tochter, warum ich so breit gelächelt hätte; es hatte sie aufgeregt. Glaubst du mir nicht, wenn ich dir sage, dass ich schon einmal im Himmel war? Wenn ich nicht zurückkomme, Halleluja! Mir gefällt es da oben. Es liegt an Gott.

Seitdem habe ich ein zweites Buch geschrieben[2]*, in dem ich weitere Geschichten aus der Azusa Street erzählt habe, weil der Heilige Geist mich dazu aufgefordert hat. In diesem dritten Buch nun gibt es einige, die noch nie irgendwo erzählt wurden. Ich nehme an, das ist der Grund, warum Gott mich nicht endgültig in den Himmel kommen ließ; er brauchte mich noch, um ein bisschen mehr für ihn zu tun, wie z. B. eine Reise nach Israel zu machen und in diesem Buch darüber zu berichten. Mein ganzes Leben lang hatte ich davon geträumt, einmal nach Israel zu gehen. Gott sagte mir, ich solle geduldig sein, und eines Tages werde er jemanden in mein Leben bringen, der mich dorthin bringt. Ich habe sehr viele Jahre dafür gebetet, das Heilige Land zu besuchen.*

Ich hatte das Privileg, zu den Füßen dieser lieben alten Heiligen zu sitzen. Die Manifestationen Gottes auf der Erde sind erstaunlich, aber wir müssen unsere Augen immer auf ihn gerichtet halten. Es war mir eine Ehre, einige der größten Männer und Frauen Gottes zu treffen, die je auf dieser Erde gewandelt sind. Aber was mich am meisten begeistert, ist, dass dieser allmächtige Gott in mir lebt! Das begeistert mich. Der heilige Gott hat sich entschieden, in mir zu wohnen; das finde ich so großartig! Ich möchte dir nun von Schwester Goldie und Schwester Carney erzählen ...

---

[2] Er bezieht sich auf „Wahre Geschichten und Wunder der Azusa Street“, GloryWorld-Medien, Xanten 2017. Anm. d. Übers.

Tommy erzählt von Azusa

Schwester Goldie

Ich erwähnte, dass Schwester Goldie mir in Venice Beach Zeugnis gegeben hatte und mich dann zum Herrn führte. Sie nahm mich damals mit nach Pisgah, um dort zu leben, und von diesem Tag an verwöhnte sie mich sehr. Sie kaufte mir meine erste Bibel und meinen ersten Anzug mit passenden Schuhen. Ich war ihr „kleines Projekt". Manchmal nannte sie mich sogar ihren Sohn, was lustig war, da sie eine kleine, zierliche Frau war und ich fast 1,90 m groß. Einmal im Monat verließ Schwester Goldie Venice Beach, wo sie lebte, und kam nach Pisgah, um die anderen Gläubigen zu besuchen und mir Geschichten zu erzählen. Sie brachte sogar Kekse und Milch für mich mit! Im hinteren Teil des Speisesaals gab es Sofas und Stühle, auf denen wir uns trafen. Nach ein paar Monaten zog sie ein Publikum an, das unbedingt von den mächtigen Taten Gottes hören wollte. Sie liebte es, diese wunderbaren Tage, die sie in Azusa verbracht hatte, um dem Herrn zu dienen, noch einmal zu durchleben.

Schwester Goldie war erst 18 Jahre alt, als sie Azusa Street besuchte und vom Heiligen Geist dazu benutzt wurde, Menschen zu heilen. Sie fühlte sich zu Menschen mit augenfälligen Entstellungen hingezogen; dazu gehörten auch Geschwülste im Gesicht. Wenn sie für diese unglücklichen Menschen betete, fielen die Tumore oder Wucherungen buchstäblich in ihre Hand hinein. Sie begann, Handtücher und eine Kehrschaufel mit sich herumzutragen. Wenn an der Stelle, an der das Geschwulst gewesen war, eine Wunde zurückblieb, verband sie diese Stelle. Nicht alle Heilungen geschahen sofort. Manchmal fiel die Wucherung zwar ab, aber es dauerte ein paar Stunden oder über Nacht, bis die Haut wieder ganz normal aussah. Die meisten Menschen tolerierten kleine Wucherungen in ihrem Gesicht, aber Schwester Goldie sagte dann: „Gott kann das wieder in Ordnung bringen. Das ist nicht schön. Das ist hässlich, und Gott will nicht, dass du unordentlich oder hässlich bist." In den zwei Jahren, in denen Schwester Goldie die Azusa Street besuchte, trug sie dazu bei, dass über 3.000 Tumore und Wucherungen im Gesicht geheilt wurden. Was für eine treue Dienerin Gottes sie doch war!

Schwester Carney

Schwester Carney war 17 Jahre alt, als William Seymour an die Tür der Wohnung kam, in der sie und ihre Freunde für Erweckung beteten. Von diesem Tag an, bis zur Schließung der Azusa Street Mission, war sie ein Mitglied dieser Gruppe von Heiligen. Als ich Schwester Carney kennenlernte, war sie Mitte 70, schlank und etwa 1,80 m groß. Sie hatte graue Haare und einem Dutt auf dem Kopf und hatte immer ein freundliches Lächeln auf den Lippen. Ich hatte die Ehre, zu Schwester Carneys Füßen zu sitzen, Milch zu trinken und Kekse zu essen, während sie ihre erstaunlichen Geschichten von den Wundern in der Azusa Street erzählte. Sie erzählte diese Geschichten detaillierter als jeder andere der Heiligen dort. Die Begeisterung in ihrer Stimme hatte in den 60 Jahren seit den Ereignissen nicht nachgelassen. Sie erlebte viele Wunder, aber das erste, das auf ihre inbrünstigen Gebete zurückzuführen ist, ist eines meiner Lieblingswunder.

Eine Frau hatte ihren Mann erwischt, als er sie mit einer anderen Frau betrog. Sie und die ehebrecherische Frau gerieten in einen Streit. Die Frau biss ihr das Ohr ab. Sie betrat den Versammlungsraum mit einem blutigen Verband an der Seite ihres Kopfes. Sie hatte große Schmerzen und hatte das Ohr nicht bei sich. Schwester Carney zog den Verband ab, um die schreckliche Wunde zu sehen. Sie begann sofort für die verzweifelte Frau zu beten. Vor ihren Augen sah sie, wie ein nagelneues Ohr wuchs. Sie rief aus: „Oh, mein Gott!" Schwester Carney war schon ganz am Anfang der Erweckung dabei.

Sehr viele Menschen kamen zu Gott, und sehr viele arbeiteten später im vollzeitlichen geistlichen Dienst.

~~~~~~~

Eine gute Geschichte kann bewirken, dass wir in ganz neue Regionen vorstoßen. Geschichten, ob schriftlich oder mündlich, können uns inspirieren, unsere Fantasie anregen oder uns ermutigen, an das Außergewöhnliche und Übernatürliche zu glauben. Eine gute Geschichte kann den Funken in uns entzünden, der den Wunsch weckt, mehr zu lernen, mehr zu erleben und mehr zu tun. Geschichten sind
~~~~~~~

mächtig! Die Geschichte des Lebens, die im Garten Eden begann, wird auch heute noch geschrieben. Jeden Tag haben wir eine neue Gelegenheit, mit unserem Herrn in Kontakt zu treten. Die wundersamen Geschichten, die die Heiligen der Azusa Street vor über sechs Jahrzehnten Tommy erzählten, ermutigen die Menschen noch immer, Heilung, Erlösung und Erweckung zu suchen!

Nicht ihr habt mich erwählt, sondern ich habe euch erwählt und bestimmt, dass ihr hingeht und Frucht bringt und eure Frucht bleibt, auf dass, worum ihr den Vater bittet in meinem Namen, er's euch gebe (Joh 15,16 LUT).

Wie glücklich ist ein Mensch, der den HERRN achtet und ehrt und sich nach seinen Geboten richtet! (Ps 128,1 GNB).

Achte stets darauf, dass du so lebst, wie der HERR, dein Gott, es haben will. Befolge alle seine Gebote und Anweisungen, die im Gesetzbuch Moses aufgeschrieben sind. Dann wirst du Erfolg haben in allem, was du planst und unternimmst (1 Kön 2,3 GNB).

Jede Erfahrung, die Gott uns schenkt, jeder Mensch, den er in unser Leben stellt, ist die perfekte Vorbereitung auf die Zukunft, die nur er sehen kann.

Corrie Ten Boom

Gott braucht nicht die Mächtigen, sondern die Willigen. Ihm geht es nicht darum, besondere Menschen einzusetzen, sondern solche, die bereit sind, ihr Leben für ihn hinzugeben. Gott sucht nicht nach außergewöhnlich begabten Menschen, sondern nach hingegebenen Liebhabern Jesu, die seine Herrlichkeit weitergeben und nicht für sich selbst benutzen.

Heidi Baker

KAPITEL 3

Gottes perfektes Timing

Tommy und Jody

Das Herz des Menschen plant seinen Weg, aber der HERR lenkt seinen Schritt (Spr 16,9).

Die Morgendämmerung brach fast unbemerkt durch. Der tiefschwarze Himmel färbte sich grau, als Schneewolken durch die Gegend zogen. Ein heftiger Wind peitschte durch die kahlen Bäume. Ich war seit 5 Uhr morgens wach und studierte die Bibel. Tief im Gebet hörte ich den Heiligen Geist zu mir sprechen: „Bete so, wie sie in Bonnie Brae gebetet haben." Ich hatte schon immer den starken Wunsch, dass Menschen errettet werden, und eine Leidenschaft für Erweckung. Ich hatte von der Erweckung in der Azusa Street gehört, aber dieses Wort Gottes weckte in mir sofort den Wunsch, mehr darüber zu erfahren.

Bei meiner Suche im Internet fand ich viele Artikel über diese große Erweckung. Ich stieß auf ein Buch von einem Mann, der die Geschichten über die geschehenen Wunder aus erster Hand gehört hatte. Ich bestellte es, weil ich wusste, dass es meinen Wissensdurst stillen würde, ohne zu ahnen, dass es mich zu einer unglaublichen Freundschaft mit einem großen General des Glaubens führen und mein Leben für immer verändern würde.

Ich habe Jesus als junge Frau als meinen Erlöser angenommen und stehe seit 30 Jahren im geistlichen Dienst. Jesus ist seit Jahrzehnten meine große Leidenschaft. Ich habe in Frauengruppen und Gemeinden gedient und bin dazu um die Welt gereist. Außerdem sitze ich in zahlreichen Beiräten für christliche Dienste, unter anderem für die „Holy Land Missions“ in Israel. Es ist mir eine Ehre, mit Pastor Steve Khoury zu arbeiten, einem wahren Kämpfer an der Front. Ich hatte schon immer eine große Liebe zu Israel. Ich glaube, dass wir dazu berufen sind, für Heiligkeit einzutreten und dass ein übernatürlicher Lebensstil Teil des normalen christlichen Lebens ist. Gott spricht oft durch Visionen und Träume zu mir, und ich habe das Privileg, eine Fürbitterin für den Herrn zu sein.

So oft hängt das, was Gott für uns tut, von uns ab. Wir sind die einzige Grenze für seine Macht in uns. Nichts Gewöhnliches wird uns zufriedenstellen, nachdem Gott uns ein neues Leben geschenkt hat. Wenn wir einmal in seinem Willen sind, sind alle Dinge möglich. Wenn wir beten, haben wir die Gewissheit, dass unsere Gebete erhört werden. Wenn wir uns dem Heiligen Geist als Wohnung anbieten, wird unser Leben nie mehr dasselbe sein. Ich kann mir keinen aufregenderen Gedanken vorstellen, als dass der allmächtige Gott, der Schöpfer des Universums, in meinem Herzen wohnt und mich zu seiner Ehre gebrauchen wird. Jesus legt unsere Bestimmung fest, aber wir müssen bereit sein, unser Herz auszuliefern und ihm zu gehorchen. Wir müssen Glaubende sein, denen das „Reich Gottes“ am wichtigsten ist. Wir dürfen unsere Zeit nicht mit belanglosen Dingen verschwenden. Jeden Augenblick unseres Lebens sollten wir mit einer Ewigkeitsperspektive im Hinterkopf verbringen – die Ewigkeit wird viel schneller kommen, als wir ahnen.

In diesem Sinne sehnt sich mein Herz danach, dass Gottes Volk erwacht. Ich bete, dass sein Geist sich wie Feuer auf der ganzen Welt bewegt. Ich stelle mir vor, dass Millionen von Menschen vor dem Herrn Buße tun und mit Gott ins Reine kommen. Diese Veränderung wird dazu führen, dass Gläubige sich aufmachen, den Missionsbefehl zu erfüllen. Wenn seine Gemeinde mit wahrer Pfingstkraft erfüllt ist, wird Jesus unglaubliche Zeichen und Wunder vollbringen. Erweckung ändert die Ausrichtung der Menschen von der Gegenwart auf die ewige Wirklichkeit und beginnt immer in uns persönlich. Dies wird zu einer echten Reformation führen.

Eines Nachts gab mir der Herr einen Traum und einen Auftrag. Er sagte mir, ich solle zu seiner Ehre einen gemeinnützigen Dienst gründen. Er zeigte mir sogar den Namen an der Tür: „Upper Room Ministry“[1]. Mein Mann Steve und ich kauften ein Gebäude, renovierten es, und URM war geboren. Wir arbeiten hauptsächlich in Pakistan, Afrika, Indonesien, Israel und den Vereinigten Staaten.

Ich liebe es, große Männer und Frauen des Glaubens nach Kentucky zu bringen, damit sie uns ihre Erfahrungen und Erkenntnisse über Gott weitergeben. Und ich glaube fest an das perfekte Timing Gottes. All das führte zu meinem Bibelstudium an jenem trüben Februarmorgen im Jahr 2018.

Als das Buch über die Azusa Street ankam, verschlang ich es. Von diesem Moment an konnte das Feuer, das in mir brannte, nicht mehr gedämpft werden. Das Lesen der Geschichten weckte in mir den Hunger nach mehr vom Herrn. Ich musste den Mann treffen, der diese Geschichten erzählte – Tommy Welchel. In unserem Leben haben wir alle möglichen Arten von Beziehungen: Kollegen, Freunde, Verwandte und vieles mehr. Diejenigen, die dem Reich Gottes am meisten nützen, sind jedoch „göttliche Beziehungen“. Diese Menschen werden von Gott gesandt, damit wir uns gegenseitig auf unserem Weg mit ihm helfen. Diese göttlichen Beziehungen sind selten, aber ein großes Geschenk!

Ich arrangierte, dass Tommy Ende September 2018 nach Somerset kam, um uns die wunderbaren Geschichten zu erzählen. In dem Moment, als er aus dem Flugzeug stieg, wussten wir beide, dass der Herr etwas mit uns vorhatte. Ich wusste in meinem Geist, dass es einen übernatürlichen Sinn für diese von Gott initiierte Beziehung gab. Bei einem unserer Treffen waren Leute aus 16 verschiedenen Gemeinden vertreten. Es war eine unglaubliche Zeit in Gottes Gegenwart, in der sich die Schechina-Herrlichkeit manifestierte. Die Herzen wurden bewegt, und Jesus heilte viele.

Eines Abends, während Tommys Besuch, sprach der Heilige Geist sehr stark zu mir. Ich wusste, dass ich Tommy mit nach Israel nehmen sollte. Ich freute mich auf diese Gelegenheit und hoffte, er würde ja sagen. Ich fragte ihn, ob er schon einmal im Heiligen Land gewesen sei. Obwohl er im Laufe der Jahre schon oft eingeladen

---

[1] „Obersaal-Dienst“.

worden war, hatte er immer höflich abgelehnt. Gott hatte ihm gesagt, er solle geduldig sein und er würde ihm die perfekte Person über den Weg schicken, mit der er Israel erleben könne. Er hatte fast sein ganzes Leben gewartet! Und als ich ihn fragte, sprach der Heilige Geist sofort zu ihm und sagte ihm, dass ich tatsächlich diejenige sei, mit der er gehen solle. Er sagte ja! Ich freute mich sehr, diesen großartigen Mann zu ehren, indem ich ihn nach Israel mitnahm und dort, wo Jesus einst gelebt hatte, mit ihm Zeit zu verbringen.

> *Harre auf den HERRN! Sei stark, und dein Herz erweise sich als mutig, und harre auf den HERRN!* (Ps 27,14 NIV).

Tommy erklärte: „Manchmal sind wir Gottes Zeitplan voraus … das ist eines unserer größten Probleme. Ich will nicht drängeln, ich will sein perfektes Timing. Ich habe in meinem Leben gelernt, auf den Herrn zu warten. Ich habe mich darauf gefreut, nach Kentucky zu fahren und Jody und Steve zu treffen. Es ist immer ein Segen, die Geschichten von den Begegnungen meiner lieben Freunde mit Gott zu erzählen. Während meiner vier Tage in Somerset hatten Jody und ich einige wunderbare Gespräche und Gebete. Als sie mir von ihrer Liebe zu Israel erzählte, stimmte ich ihr zu. Israel ist der Schlüssel für die Endzeit. Ich habe jahrzehntelang geduldig darauf gewartet, dass Gott mich nach Israel schickt."

Tommy fuhr fort: „Seit ich 7 Jahre alt war, sehnte ich mich danach, das Heilige Land zu besuchen. Gott bringt alles auf die Reihe. Ich habe Jody gegenüber nie angedeutet, sie solle mich nach Israel bringen. Als sie mir sagte, dass sie mich mitnehmen würde, wusste ich, dass es Gottes Wille war. Nach 70 Jahren des Wartens sagte er, sie sei diejenige ist, mit der ich gehen solle. Ich finde, dass sie eine angenehme und sehr gottesfürchtige Ausstrahlung hat. Ich vertraue ihr und weiß, dass sie von Gott gebraucht wird. Auf die Aufforderung des Heiligen Geistes hin sagte ich Ja zu ihrer Einladung nach Israel. Ich glaube, dass sie gesegnet sein wird, weil sie mich gesegnet hat. Entspanne dich und lass Gott die Menschen auswählen, nicht du. Wenn es Gott ist, dann musst du nichts manipulieren. Während ich in Somerset war, betete ich inständig zu Gott, er möge Jody die Salbung der Azusa-Street-Heiligen schenken. Obwohl sie in ihrem Dienst schon Wunder erlebt, wollte ich, dass mein Mantel an sie weitergegeben wird, damit sie weiterhin so arbeiten kann, wie ich es getan habe, d. h. für Heilungen beten und erleben, dass sie geschehen."

Tommy sagte: „Als ich nach Hause nach Arizona kam, erzählte ich meiner Frau Marlene von der Einladung nach Israel. Sie freute sich, dass ich endlich mitfahren konnte. Bei dem Gedanken an die Reise vergoss ich ein paar Tränen, so aufgeregt war ich. Ich hatte das Gefühl, dass dies nur der Anfang einer großen Bewegung des Allmächtigen war. Es war der Beginn der Erfüllung eines größeren Teils der Prophetien von Tommy Hicks und so vielen anderen Prophetien, dass … in Israel eine Erweckung ausbrechen wird."

Während Tommys Besuch in Kentucky nahmen wir ihn zum Angeln an unserem Teich auf dem Gelände unseres Dienstes mit. Zu unserer Überraschung fing Tommy an diesem Nachmittag neun Fische! Das war vorher noch nie passiert. Es war eine wunderbare Zeit mit Freunden und Familienmitgliedern. Während die sanfte Brise durch die Bäume wehte, erzählte er uns mehrere Geschichten von den Leuten der Azusa Street. Er begann mit zwei der am häufigsten nachgefragten Geschichten über William Seymour, die er auf der ganzen Welt erzählt.

Tommy erzählt von Azusa

Bruder und Schwester Lankford

Ich erinnere mich an zwei der größten Wunder, bei denen Seymour von Gott großartig gebraucht wurde", sagte Bruder Lankford, Gemeindeglied in der Azusa Street und Bewohner des Pisgah Home. Seymour hatte einen Mann mit einem Holzbein angesprochen und ihn gefragt, warum er zur Mission gekommen sei. Sein Bein war bei seiner Arbeit im Rangierbahnhof zerquetscht worden. Man hatte es in der Mitte des Oberschenkels amputiert. Der Mann erklärte, er wolle Gebet für sein Bein, weil er an der Stelle, an der das Holz mit dem Fleisch verbunden war, Wundbrand bekam. Er sagte, sie müssten noch mehr von seinem Bein amputieren oder er müsse geheilt werden.

Seymour sagte ihm, er sei verärgert, „…weil du das Holzbein anhast. Es wäre ein Problem für Gott, dir ein Bein wachsen zu lassen, wenn das Holzbein noch befestigt ist." Nachdem er die Prothese entfernt hatte, stand der Mann vor Seymour und balancierte auf seinem guten Bein. Seymour legte dem Mann die Hände auf und betete: „Dein Name soll verherrlicht werden. Im Namen Jesu befehle ich, dass dieses Bein herauswächst. Der Wundbrand ist verschwunden; du bist geheilt." Zum Erstaunen aller sahen sie eine Bewegung in dem leeren Hosenbein; plötzlich wuchs das Bein heraus. Die Menge tobte voller Freude und Lobpreis, während der Mann durch den Raum rannte. Bruder Seymour konnte in dieser Nacht nicht einmal predigen; alle schrien und tanzten bis zwei Uhr morgens. Etwa 1.000 Menschen wurden aufgrund dieses einen Wunders errettet.

Schwester Lankford, die Frau von Bruder Lankford, erinnerte sich an eine Begebenheit, die sich etwa ein Jahr, nachdem das Bein des Mannes herausgewachsen war, ereignete. Ein Mann kam herein, dem ein Arm fehlte, der 1897, zehn Jahre zuvor, bei einem Arbeitsunfall abgetrennt worden war. Man konnte in das Loch hineinsehen, wo das Fleisch verrottete und schwarz wurde; man konnte den Knochen sehen. Seymour fragte den Mann: „Kannst du mit nur einem Arm arbeiten?" Der Mann antwortete, er bekomme nur geringfügig bezahlte Jobs und könne kaum genug Geld zum Essen verdienen. Seymour schüttelte den Kopf und fragte den Mann, ob er verheiratet sei und Kinder habe, worauf der Mann beide Fragen bejahte. „Dieser Mann muss in der Lage sein, seinen Lebensunterhalt zu verdienen. Er muss arbeiten und seinen Zehnten zahlen können. Wirst du den Zehnten zahlen, wenn ich für dich bete und Gott dir deinen Arm zurückgibt?", fragte Seymour scherzhaft. Der Mann sagte ja. Seymour brach in Gelächter aus. „Ich mache nur Spaß." Dann legte er seine Hände auf die Schulter des Mannes und befahl dem fehlenden Arm nachzuwachsen.

Die Zeugen konnten sehen, wie der Knochen wuchs und das Fleisch rosa wurde. Innerhalb weniger Sekunden wuchs der Arm bis zu den Fingernägeln. Vollständig. Der geheilte Mann stand ganz verdattert da. Ein paar Wochen später kam er zurück und erzählte, er habe seinen früheren Arbeitsplatz wiedererlangt. Er brachte 200 Kollegen mit, nicht alle auf einmal, aber zu verschiedenen Zeiten. Alle wurden gerettet und geheilt, als die Heiligen ihnen die Hände auflegten.

Niemand weiß, wann und wo Gott sich im Leben eines Menschen zeigt. Es kann ein Flüstern in unserem Ohr sein, das uns zum Beten auffordert, so wie sie es in einem kleinen Haus in Los Angeles vor mehr als 100 Jahren getan haben. Der Heilige Geist macht es immer auf die beste Weise. Unsere Berufung von Gott steht schon fest, bevor wir geboren sind. Wir müssen jedoch dem göttlichen Timing des Himmels folgen. Tommy reiste durch die ganze Welt und diente Tausenden, aber er wartete fast sein ganzes Leben darauf, das Land zu besuchen, in dem Milch und Honig fließen. Eines kalten Morgens vertraute mir der Herr Tommys Buch an, und zwar aus einem Grund, der viel größer war, als wir ahnten. Es war an der Zeit, ins Heilige Land zu gehen … Israel.

Dies eine aber sei euch nicht verborgen, Geliebte, dass beim Herrn ein Tag ist wie tausend Jahre und tausend Jahre wie ein Tag (2 Petr 3,8).

Alles, was auf der Erde geschieht, hat seine von Gott bestimmte Zeit (Pred 3,1 GNB).

... und was du von mir in Gegenwart vieler Zeugen gehört hast, das vertraue treuen Menschen an, die tüchtig sein werden, auch andere zu lehren! (2 Tim 2,2).

Wenn du wiedergeboren bist, bist du ein Bürger Israels. Israel ist das Zentrum von allem und jedem.

Jonathan Cahn

Bete für den Frieden Jerusalems und deine Seele wird erfrischt.

Charles Spurgeon

Kapitel 4

Behalte Israel im Auge

Israel

Du aber, HERR, bleibst auf ewig, dein Lob von Generation zu Generation. Du wirst aufstehen, wirst dich Zions erbarmen. Denn es ist Zeit, ihn zu begnadigen, denn gekommen ist die bestimmte Zeit. Denn deine Knechte haben Gefallen an seinen Steinen, sie haben Mitleid mit seinem Schutt. Die Nationen werden den Namen des HERRN fürchten, alle Könige der Erde deine Herrlichkeit, wenn der HERR Zion aufgebaut hat, erschienen ist in seiner Herrlichkeit (Ps 102,13-17).

Der heiße Wind nahm uns den Atem. Das Thermometer zeigte 40 Grad an, als wir das Terminal in Tel Aviv verließen. Der Sommer im Nahen Osten kann ganz schön heftig sein. Der Flug aus den USA war ohne große Vorkommnisse verlaufen, und wir versuchten alle, uns auszuruhen, wann immer wir konnten. In den letzten Stunden war die Vorfreude jedoch so groß gewesen, dass an Schlaf nicht zu denken war. Tommy hatte 70 Jahre lang darauf gewartet, das Heilige Land zu besuchen; seine Aufregung war spürbar.

Obwohl ich schon viele Male dort war, wird es nie langweilig. Es gibt immer so viel zu sehen, zu tun und zu lernen. Hier wurde die Heilige Schrift geschrieben und hier ergeben alle Bibelworte einen Sinn. Mit uns war mein Schwiegersohn Clif Drew, der Präsident und Videofilmer unseres Dienstes. Auch er war zum ersten Mal hier und konnte es kaum erwarten, dass unsere Reise begann. Daniel Collins von „Holy Land Missions“ war unser Reiseleiter für diese Woche. Wir hatten viele Stunden im Gebet verbracht, um uns auf diese Reise vorzubereiten. Wir wussten, dass Gott sie arrangiert hatte, und so machten wir uns im Gehorsam auf den Weg. Ich erklärte ihnen, dass die Orte, die wir besuchen würden, oft nicht so sind, wie man sie sich vorstellt. Man erwartet, dass abgelegene Orte so aussehen, wie sie vor Tausenden von Jahren ausgesehen haben. In Wirklichkeit befinden sich die meisten dieser Orte heute aber in belebten Vierteln von Städten.

Wenn du dir jedoch ein paar Augenblicke der Stille nimmst, wird der Heilige Geist dir die Geschichte lebendig machen. Wir wussten nicht, dass die Visionen, die der Heilige Geist uns in den kommenden Tagen geben würde, in Form eines Buches erscheinen würden, um sie mit der Welt zu teilen. Das von Gott verheißene Land ist der Ort des Segens, des Erbes und der Herrlichkeit. Wenn du das Land betrittst, kannst du den Geist Gottes förmlich spüren. Es gibt wirklich keinen vergleichbaren Ort auf der ganzen Welt. Die Gebiete zu besuchen, in denen unsere Vorfahren – Abraham, Isaak und Jakob – gelebt haben, ist ein wundersames Gefühl. Auf dieselben Berge und Flüsse zu blicken wie König Salomo, Jesus und der Apostel Paulus, macht uns demütig. Auf den Straßen zu gehen, auf denen Jesus, unser Erlöser, gelebt hat, gestorben und wieder auferstanden ist, ist unbeschreiblich. Wir waren bereit, die alten Pfade zu beschreiten – das Land Israel.

Geschichte

Was ist so magisch an einem kleinen Landstreifen im Nahen Osten? Was zieht die Menschen seit Jahrhunderten dorthin? Israel wird von den drei großen Religionen der Welt geschätzt: Judentum, Christentum und Islam. Man sagt, Israel sei so groß wie ein Land und habe die Probleme eines Kontinents. Wo hat das alles angefangen? Und wie kann man die Geschichte dieses erstaunlichen Landes in ein paar Absätzen zusammenfassen? Immerhin ist es der Ort, an dem Gott eine kaputte Welt gerettet hat. Wir wollen nun einen kurzen Spaziergang durch die Geschichte machen.

In 1. Mose 15,9-21 schloss Gott einen Bund mit Abram und seinen Nachkommen. Darin war die bedingungslose Verheißung enthalten, dass seine Nachkommen einmal das Land besitzen würden. In einer weiteren Verheißung versprach er Abraham (dem er inzwischen einen anderen Namen gegeben hatte), sein Gott und der Gott seiner Nachkommen zu sein, unter der Bedingung, dass er sich ganz dem Herrn weihte. Abraham hatte zuerst in Mesopotamien gelebt, dann in Ägypten und schließlich in Kanaan. Durch seinen Glauben wurde er ein Freund Gottes. Er ging in ein Land, das er nicht kannte, und glaubte Gottes Verheißung, einen Sohn zu bekommen. Sein Sohn Isaak und sein Enkel Jakob lebten ebenfalls in Kanaan.

Eines Nachts rang Jakob mit Gott, und dieser gab ihm den Namen Israel, was so viel bedeutet wie: „Du hast mit Gott und den Menschen gekämpft und hast überwunden." Israel wurde später der Vater von 12 Söhnen, aus denen die 12 Stämme Israels hervorgingen. Josef, einer seiner Söhne, wurde von seinen Brüdern nach Ägypten verkauft, kam aber dort zu Wohlstand. Während einer schweren Hungersnot machte sich Josefs Familie, einschließlich seines Vaters, ebenfalls auf den Weg nach Ägypten. Im Laufe der Zeit wurden die Israeliten, auch Hebräer genannt, von den Ägyptern zu Sklaven gemacht. Nachdem sie dort 400 Jahre gelebt und zuletzt sehr gelitten hatten, holte sie Gott unter der Führung von Mose aus Ägypten heraus, was man auch als Exodus bezeichnet.

Der Exodus

An den Exodus wird auch heute noch erinnert. Das Passahfest wird als jüdische Tradition seit Jahrtausenden gefeiert. Es erinnert an die Befreiung der Hebräer aus der Sklaverei in Ägypten und an die Überwindung der Mächte der Zerstörung. Als Gott die letzte Plage über Ägypten schickte, befahl er den Hebräern, ihre Türen mit dem Blut von Opferlämmern zu markieren, damit die Erstgeborenen in ihren Familien nicht umkamen. Dann schickte Gott den Engel des Todes, um alle erstgeborenen Söhne der Ägypter zu töten.

Der Engel ging an den Kindern Israels vorbei und verschonte sie. Dieses Ereignis wird in Israel oft sieben Tage lang mit Themen wie Frühling, jüdisches Heimatland, Familie, Geschichte, soziale

Gerechtigkeit und Freiheit gefeiert. Diese Themen werden während des Passah-Seders diskutiert und manchmal auch symbolisch dargestellt. Der Seder ist eine Mahlzeit, die während der Feierlichkeiten eingenommen wird und bei der bestimmte Lebensmittel eine Rolle spielen.

Gott versprach seinem Volk *„ein Land, das von Milch und Honig überfließt"*, nämlich Kanaan (vgl. 3 Mose 20,24). Doch auf der langen Reise bekam das Volk Angst und war Gott ungehorsam. Wegen ihres Ungehorsams mussten die Israeliten 40 Jahre lang in der Wüste umherwandern. Als Josua das Volk schließlich über den Jordan führte, begannen sie mit der Eroberung Kanaans und dem Ausbau der bestehenden Siedlungen. Israel übernahm die Sprache und die vereinfachte Schrift der Kanaaniter. Der Unterschied zwischen den Hebräern und allen anderen Völkern war, dass die Hebräer an nur einen Gott glaubten. Die grundlegende Aussage des jüdischen Glaubens ist die Shema: *„Höre, Israel: Der HERR ist unser Gott, der HERR allein!"* (5 Mose 6,4)

Die Israeliten versuchten dann, miteinander in Harmonie zu leben und den Herrn anzubeten. Im Laufe der Geschichte Zions versuchten viele Fremde, das Land zu erobern. Deshalb bestand das Volk darauf, zu seinem Schutz einen König zu ernennen. Saul wurde der erste König von Israel. Er scheiterte jedoch, weil sein Herz nicht mit Gott in Einklang war. David, der nächste König, stärkte das Königtum. Er hatte eine offensichtliche Liebe für den Herrn. Seine Beziehung zu Gott wurde zum Maßstab, an dem alle Könige von Juda gemessen wurden. Davids größte Leistung war die Eroberung der heiligen Stadt Jerusalem von den Jebusitern. Er machte Jerusalem zur Hauptstadt des Landes. Sein Sohn, König Salomo, baute den ersten Tempel in Jerusalem.

Eine geteilte Nation

Nach Salomos Tod beschlossen die nördlichen Stämme, sich von den anderen Stämmen abzusondern. Diese Teilung führte dazu, dass die nördlichen Stämme „Israel" und die südlichen Stämme „Juda" genannt wurden. Die nördlichen Stämme betrachteten sich als treue Anhänger der ursprünglichen und uralten Religion. Sie glaubten, die

Südstämme seien durch die Einführung des Königtums (durch Saul) und den Bau eines Tempels als Gotteshaus (durch Salomo) vom Kurs abgekommen.

Im 8. Jahrhundert v. Chr. eroberten die Assyrer Israel, ließen Juda aber ein paar Jahre lang unberührt. Mit der Zeit griffen sie auch Jerusalem an, nahmen die Stadt aber nicht ein. Die Hebräer glaubten, Gott würde seine heilige Stadt und den Tempel beschützen. Das war aber nicht von Dauer. In Mesopotamien tauchte mit den Babyloniern eine neue Macht auf. Im Jahr 598 v. Chr. eroberte Nebukadnezar Jerusalem. Elf Jahre später wurde Jerusalem zerstört und der Tempel niedergebrannt. Der Großteil der Bevölkerung wurde in die Gefangenschaft verschleppt, aber nicht alle. Viele erwarteten nun wohl, der Glaube der Hebräer würde verschwinden, da man in der antiken Welt glaubte, dass mit der Niederlage eines Volkes auch seine Götter untergingen. Doch das Gegenteil war der Fall. Das Volk erinnerte sich im Exil an den Exodus und die Verheißung Gottes und vertraute darauf, dass Gott sie eines Tages nach Jerusalem zurückbringen würde.

Sechzig Jahre später schickte Kyros II. von Persien, nachdem er Babylon erobert hatte, die jüdischen Exilanten zurück nach Jerusalem. Er erlaubte den Einheimischen, nach ihren eigenen Überzeugungen und Bräuchen zu leben, solange sie ihm gegenüber loyal blieben. Über das Leben in Judäa unter persischer Herrschaft ist wenig bekannt. Im 5. Jahrhundert v. Chr. wurde unter der Leitung von Esra und Nehemia der zweite Tempel gebaut. Sie waren entschlossen, dafür zu sorgen, dass sich eine Katastrophe wie das Exil nie wiederholen würde. Das wollten sie erreichen, indem sie darauf bestanden, dass das Volk die Gesetze des Bundes einhielt, damit Gott es nicht noch einmal bestrafen würde. Es wurde wichtig zu definieren, was es bedeutet, das Bundesvolk Gottes zu sein. Nehemia 9 erzählt, dass dies zu einer verstärkten Abgrenzung der Juden von anderen Völkern führte.

Griechenland, Ägypten und dann die Seleukiden übernahmen nacheinander die Macht in Israel. Letztere waren Eroberer aus Syrien. Sie wurden in Kämpfe mit den Römern verwickelt, die in der Region expandierten. Der Seleukide Antiochus IV. baute gute Beziehungen zu Rom auf. Der ehemalige jüdische Tempel wurde umgewandelt, und zwar in einen Tempel, in dessen Mittelpunkt Antiochus als die Manifestation des olympischen Gottes Zeus stand. Die Empörung in der jüdischen Gemeinde war groß. Für die Juden, die nach der Shema lebten, war das ein Ding der Unmöglichkeit. Eine bestimmte Familie, die Makkabäer (auch Hasmonäer genannt) weigerte sich, ihren Glauben aufzugeben. Sie führten einen Aufstand gegen die Seleukiden an. Die Hasmonäer übernahmen 166 v. Chr. die Macht und entfernten den „Gräuel der Verwüstung“ aus dem Tempel, um ihn wieder Gott zu weihen.

Chanukka

Dieser Wiedereinweihung gedenken die Juden jedes Jahr mit dem Chanukka-Fest. Damit wird der Sieg der Makkabäer über die griechischen Seleukiden gefeiert. Der Höhepunkt der Einweihung des Tempels war das Anzünden der Menora. Die Menora war ein siebenarmiger Leuchter, in dem rituell reines Olivenöl benutz wurde, das im alten Tempel in Jerusalem verwendet worden war. Der Geschichte nach fanden die Makkabäer aber nur ein einziges Gefäß mit diesem besonderen Öl. Das hätte den Leuchter aber nur einen Tag am Brennen gehalten. Wie durch ein Wunder reichte dieses Öl jedoch acht Tage lang und ließ die Menora leuchten, bis neues Öl hergestellt werden konnte.

Juden gedenken des Ölwunders auch mit frittierten Speisen. Die traditionellsten Speisen sind Latkes (frittierte Kartoffelpfannkuchen) und Sufganiyot (mit Gelee gefüllte Krapfen). Bevor die Makkabäer den Tempel wieder einweihten, war es dem jüdischen Volk gesetzlich verboten, Gott anzubeten oder die Thora zu studieren. Sie taten es trotzdem. Um zu verbergen, was sie taten, wenn die Behörden vorbeikamen, legten sie schnell ihre Schriftrollen weg und taten so, als würden sie mit kleinen Kreiseln spielen, die sich drehten. Auch heute noch wird mit den kleinen Kreiseln gespielt, um Chanukka zu feiern. Auf diesen Dreideln sind vier hebräische Buchstaben zu sehen –Nun, Gimel, He und Schin –, die für den Satz „Ein großes Wunder ist hier geschehen“ stehen.

Was als kleine Gruppe von Widerstandskämpfern in der Wüste begonnen hatte, entwickelte sich zu einem Reich, das noch größer war als das von König Salomo. Es gab eine kurze Zeit der jüdischen

Freiheit. Aber auch die Tage der hasmonäischen Herrschaft gingen zu Ende, denn es war eine neue Macht aufgetaucht: die Römer.

Im Jahr 63 v. Chr. eroberte Rom das Land. Zwanzig Jahre später machten die Römer Herodes zum König von Judäa. Während Herodes Herrscher war, wurde in dem kleinen Dorf Bethlehem ein Baby geboren. Die Geburt dieses Kindes war von Propheten in der antiken Welt vorausgesagt worden. Die gesamte Heilige Schrift weist in irgendeiner Weise auf den Messias hin. Dieses Baby, Jesus, war derjenige, nach dem sich das Volk Gottes gesehnt und für den es gebetet hatte. In diesem Kind hat Gott die Rettung der Welt vollbracht. Jesus ebnete den Nichtjuden einen Weg, um in den Glauben Gottes eingepfropft zu werden.

Jesus der Messias

Gott offenbarte sich in Menschengestalt. Jesus zu sehen, bedeutete, Gott zu sehen; Jesus zu kennen, bedeutete, Gott zu kennen; Jesus abzulehnen, bedeutete, Gott abzulehnen. Das ist auch heute noch so. Im Alter von etwa 30 Jahren begann Jesus in Galiläa zu lehren und Menschen zu heilen. Er brachte den Massen den Schlüssel zur Errettung; er lehrte Vergebung, Erlösung und das ewige Leben mit Gott. Damit unterschied er sich grundlegend von anderen Lehrern seiner Zeit. Er sagte, dass Gott allen Menschen hilft und alle annimmt, die ihn im Vertrauen und Glauben suchen.

Viele Menschen akzeptierten Jesus als den, der er wirklich war – der Sohn Gottes. Die meisten taten es aber nicht. Um etwa 33 n. Chr. wurde Jesus in Jerusalem gekreuzigt und ins Grab gelegt. Der Tod konnte den Retter der Welt jedoch nicht aufhalten. Nach drei Tagen stand Jesus von den Toten auf. Hunderte von Zeugen bestätigten diese Tatsache. Israel und die Welt sollten nie wieder dieselben sein. Wie auch? Schließlich war der Himmel auf die Erde gekommen.

Fünfzig Tage nachdem Jesus von den Toten auferstanden war, feierten seine Apostel in Jerusalem Schawuot. Dieses Fest war in erster Linie eine Danksagung für die Weizenernte. Später wurde es geändert, um das Gesetz zu feiern, das Gott Mose auf dem Berg Sinai gegeben hatte. Da Schawuot 50 Tage nach dem ersten Tag des

Passahfestes stattfindet, wird es, abgeleitet vom griechischen Wort für 50, auch als Pfingsten bezeichnet. Während dieses Festes kam der Heilige Geist auf die Apostel herab. Was für ein gewaltiger Moment! Der Allmächtige nahm Wohnung in seinem Volk! Die Auswirkung dieser übernatürlichen Taufe mit dem Geist wurde von Hunderten von Menschen bezeugt. Die Apostel redeten in Sprachen, die sie nicht verstanden.

Diejenigen, die das beobachteten, waren schockiert und erstaunt, dass sie diese Männer nun in ihren Sprachen sprechen hörten, obwohl sie sie noch kurz zuvor überhaupt nicht verstehen konnten. Die Apostel verstanden nun, was Jesus angedeutet hatte. Diese wunderbare Gabe, in „anderen Sprachen" zu reden, ermutigte sie (vgl. Apg 2,4) und sie erlebten unzählige Wunder. Diese Gabe steht uns auch heute noch zur Verfügung! Viele Christen feiern Pfingsten als die Geburtsstunde der Gemeinde.

Unter schwerer römischer Verfolgung revoltierte das jüdische Volk im Jahr 66 n. Chr. Vier Jahre später fiel Jerusalem. Der Tempel des Herodes, der nur wenige Jahrzehnte alt war, wurde zerstört. Damals gewannen die Synagogen als Orte des Gottesdienstes an Bedeutung. Im Jahr 135 n. Chr., nach dem zweiten jüdischen Aufstand, wurden Jerusalem und die Überreste des Tempels vollends zerstört.

Jerusalem wurde als römische Stadt namens Aelia Capitolina mit einer heidnischen und christlichen Bevölkerung wieder aufgebaut. Judäa wurde nun „Syria Palaestina" genannt. Juden durften die ehemalige Stadt Jerusalem nicht mehr betreten. Als Konstantin römischer Kaiser wurde, wurde das Christentum als die anerkannte Religion empfohlen. Die byzantinische Herrschaft über Palästina dauerte, bis die Muslime es im Jahr 628 n. Chr. eroberten. Israel gab es nicht mehr. Aber Gottes Verheißung ist ewig. Es dauerte zwar mehr als 1.300 Jahre, aber 1948 wurde dem jüdischen Volk das Land, in dem Milch und Honig fließen, zum Teil zurückgegeben!

Unsere Reise beginnt

Unsere Stimmung stieg, als wir unsere Reise antraten. Was für eine Ehre, dieses Land zu besuchen, in dem die Gegenwart des Allmächtigen so stark ist. Ich glaube, dass das Land, das Gott versprochen hatte, der Ort der Herrlichkeit, der Gunst und des Segens ist. Unser himmlischer Vater hat dieses Land Abraham und seinen Nachkommen versprochen; wir erben das Land durch Christus. Dieser wunderschöne Ort gehört also nicht nur seinen Bewohnern, sondern uns allen, die wir gläubig sind. Die Gerechten und diejenigen, die auf den Herrn vertrauen, erben das Land. Weil Gott Israel vor allen anderen Orten der Welt bevorzugt hat, hat er es erlöst und wiederhergestellt.

Wenn du die Gunst Gottes gewinnst, setzt das seine Gnade frei und wird dein Leben dramatisch verändern. Einige der Dinge, die die Gunst des Herrn anziehen, sind Weisheit, Gehorsam, Gebet, Anbetung und Demut. Der Herr wünscht sich Einheit in der Gemeinde; wir sind alle Brüder und Schwestern. Wir müssen die Lektion aus der Erweckung in der Azusa Street lernen und eine echte Einheit im Leib anstreben. Wenn verschiedene Richtungen des geistlichen Dienstes zusammenkommen, fließt daraus ein Strom der Erkenntnis. Die Gaben des Heiligen Geistes und der Strom Gottes müssen immer fließen. Vor über einem Jahrhundert schrieb William Seymour:

> Viele Menschen sind gekommen. Gott macht keinen Unterschied, was die Nationalität angeht. Das Treffen war eine Zeit des Schmelzens. Die Menschen wurden alle miteinander verschmolzen … zu einem Klumpen, einem Brot, einem Leib in Christus Jesus. In der Azusa-Mission gibt es weder Juden noch Heiden, weder Sklaven noch Freie. Kein Instrument, das Gott gebrauchen kann, wird wegen seiner Hautfarbe, seiner Kleidung oder seiner mangelnden Bildung abgelehnt. Deshalb hat Gott das Werk aufgebaut … Das Schönste ist die liebevolle Harmonie.

Tommy sagte: „Ich vertraue ganz auf Gott. Seit ich ein kleiner Junge war, hatte ich große Sehnsucht, in Israel zu sein. Hier hat Jesus gelebt. Alle Menschen, auf die wir unseren Glauben gründen, haben hier gelebt und hier gesprochen. Es ist nicht falsch, es das Heilige Land zu nennen. Jesus kam zuerst nach Israel, zu den Juden. Er kam nicht zu uns, sondern zu ihnen. Wir sind „eingepfropft“, so steht es in der Bibel. Der König lebt in uns. Wir sind eins. Er tut es durch die Manifestation des Heiligen Geistes. Auf diese Weise sind der Vater und der Sohn in uns. Wenn ich bete, tue ich das meistens im Heiligen Geist, in Zungen. Es ist mein Geist, der betet; er kann es besser als ich. In fünf Minuten habe ich alles gebetet, was ich weiß. Ich fühle mich viel besser, wenn ich in Zungen bete. Ich leiste viel Fürbitte. Wenn ich z. B. im Geist geführt werde, für eine bestimmte Person zu beten, stellt sich jedes Mal heraus, dass diese Person in Schwierigkeiten war."

Während unseres Besuchs in Israel war Tommys Herz immer wieder voller Erinnerungen an diese Heiligen aus Pisgah. An dem Ort, an dem alles begonnen hatte, war es nur natürlich, dass er alte und neue Geschichten über die Wunder erzählte, die sie in der Azusa Street erlebt hatten. Was für ein Vorrecht, diese erstaunlichen Geschehnisse im Heiligen Land nacherzählt zu bekommen! So oft sagte er: „Habe ich euch jemals von dem Wunder über … erzählt?"

Tommy erzählt von Azusa

Ralph Riggs und Mutter Riggs

Als junger Mann war Ralph Riggs an der Gründung der „Assemblies of God"-Kirche[1] beteiligt. Bruder Riggs wurde später der 8. Generalsuperintendent dieser großen Denomination. Seine Mutter lebte noch im Alter von 90 Jahren in Pisgah; ich lernte sie 1960 kennen. Während der Erweckung in der Azusa Street erlebten Alice Riggs und Ralph Hunderte von Wundern und waren an ihnen beteiligt.

Zu ihren Füßen zu sitzen und ihren Geschichten zu lauschen, war ein wahrer Segen. Außerdem konnte Mutter Riggs besser als jeder andere Schokokekse backen. Sie hatte leuchtende Augen, die funkelten, wenn sie ihre Geschichten über Azusa erzählte. Mutter Riggs erzählte mir, dass sie hauptsächlich zusah, wie „Ralphy" – ein Spitzname, der nicht Ralphs Lieblingsname war – herumging und Wunder vollbrachte. Er und sein bester Freund, C.W. Ward, waren lieber in der Kirche als irgendwo anders. Kein Wunder! Obwohl sie gerne Ralph beobachtete, benutzte Gott auch sie selbst, um viele Menschen zu heilen.

Sie erzählte mir von ihrer Erfahrung mit etwa einem Dutzend älterer Menschen, die sie an ihre Eltern erinnerten. Sie wurden alle in

[1] Amerikanische Pfingstkirche.

Rollstühlen zum Treffen gebracht und hatten keine größeren Missbildungen oder Krankheiten, sondern waren einfach nur alt und schwach. Sie wandte das, was sie von Schwester Carney gelernt hatte, in einem Akt des Glaubens an und klappte die Fußstützen an jedem Rollstuhl hoch, bevor sie zu beten begann. Nach ihrem Gebet standen wirklich alle diese gebrechlichen, alten Menschen auf, hakten die Arme ein und tanzten herum. Mutter Riggs war so begeistert, dass sie mitmachte.

Bei einem anderen Treffen kam eine Mutter mit ihren vier Kindern herein. Sie erklärte, alle ihre Kinder seien psychisch krank, und wollte, dass Gott sie normal machte. Als Mutter Riggs ihnen die Hände auflegte und für sie betete, wurden sie alle sofort geheilt. Die Frau zog mit ihrer Familie nach Mexiko und gründete ein Waisenhaus. Als Mutter Riggs sie irgendwann wiedersah, waren sie alle normal und gesund; der Junge war ein mächtiger Prediger. Du siehst also, Gott kann alles tun, was wir ihm zutrauen. Aber wir müssen glauben und es sagen, es aussprechen. Du musst es sagen!

Mutter Riggs erzählte mir, dass das, was sie von jenen Tagen am meisten vermisste, die Schechina-Herrlichkeit war. Sie war überzeugt, dass sie Teil des Himmels war. Sie sagte, es sei herrlich, in ihr zu sein, in ihr herumzugehen und in ihr zu atmen. Bei meinem vierten Besuch bei Mutter Riggs bat sie mich, ihr die Geschichten zu erzählen, die sie mir weitergegeben hatte. Das tat ich dann auch. Sie sagte, ich hätte sie besser erzählt als sie selbst! Sie sagte: „Das ist gut, denn heute Abend gehe ich nach Hause." Ich fragte sie, ob sie zurück nach Mississippi gehen würde. Sie antwortete nicht, sondern lächelte nur. In dieser Nacht ging sie nach Hause in den Himmel. Bruder Smith, der Prediger in Pisgah, brachte mich zu ihrem Haus. Sie sah so friedlich aus und hatte ein Lächeln im Gesicht. Ich fragte Bruder Smith, warum sie wohl dieses Lächeln hätte. Er sagte: „Ich glaube, sie sah die Engel kommen, um sie in den Himmel zu bringen. Sie entschied sich, nach Hause zu gehen."

Gelegentlich kam Bruder Riggs nach Pisgah, um seine Mutter zu besuchen. Bei einigen dieser Besuche hatte ich die Ehre, Zeit mit ihm zu verbringen. Er sagte mir, er sei froh, dass er in Azusa nicht nur dabei zusah, wie Gott ältere Menschen benutzte, um Wunder zu tun. Er war begeistert, dass Gott auch ihn benutzt hatte. Als junger

Teenager hatte er die Freiheit, für jeden zu beten, für den er wollte. Zu seinem Erstaunen wurden sie alle geheilt. Er und sein Freund C.W. erlebten jede Nacht sechs oder mehr Wunder.

Bruder Riggs erzählte von einem seiner denkwürdigsten Wunder. Eines Abends kam ein großer, schlaksiger Mann Anfang 20 herein. Er war ungefähr 1,95 m groß und wog etwa 115 kg. Er stank nach Alkohol und sprach undeutlich. Ralph nahm eine Stimme in seinem Inneren war, die sagte: „Bete für ihn". Als er zu dem Mann hinging, stellte er fest, dass dieser nicht nur betrunken, sondern auch blind war. Als Bruder Riggs das sah, wuchs sein Mitgefühl. Der Mann sagte, er sei wegen seiner Blindheit gekommen.

Der junge Ralph betete für ihn, und der Mann wurde sofort geheilt! Der Mann war verblüfft; er saß lange Zeit weinend und schluchzend da. Ein blinder, obdachloser Alkoholiker war durch die wunderbare Kraft Gottes wiederhergestellt worden. Später im Leben führte Gott ihn dazu, ein Evangelist zu werden und viele Pfingstgemeinden im Mittleren Westen zu gründen. Bruder Riggs sagte, er habe das Vorrecht gehabt, viele dieser Gemeinden auf seinen Reisen zu besuchen. Kannst du dir vorstellen, wie sich dieser Prediger gefühlt haben muss, als er Bruder Riggs wiedersah und sich an den kleinen Jungen erinnerte, den Gott benutzte, um ihn zu heilen?

~~~~~~~

Während unserer Reise gab Gott Tommy zahlreiche Visionen. Er wird sie später noch mitteilen. Es war wirklich eine wunderbare und aufregende Reise! Komm nun mit uns! Die erste Station ist der Geburtsort unseres Herrn und Erlösers: Bethlehem.
~~~~~~~

Und ich will segnen, die dich segnen, und wer dir flucht, den werde ich verfluchen; und in dir sollen gesegnet werden alle Geschlechter der Erde! (1 Mose 12,3).

... und so wird ganz Israel gerettet werden, wie geschrieben steht: „Es wird aus Zion der Retter kommen, er wird die Gottlosigkeiten von Jakob abwenden ...“ (Röm 11,26).

So spricht der HERR: Ich kehre nach Zion zurück und wohne mitten in Jerusalem. Und Jerusalem wird „Stadt der Treue“ genannt werden und der Berg des HERRN der Heerscharen „heiliger Berg“ (Sach 8,3).

Ich bin keine Frau mit großem Glauben – ich bin eine Frau mit einem kleinen Glauben an den großen Gott.

Kathryn Kuhlman

Wenn wir uns um seinetwillen mutig für Gott und für andere einsetzen, können wir nichts verlieren, das es wirklich wert wäre, es zu behalten. Wir werden uns selbst und unseren Egoismus verlieren. Wir werden alles gewinnen, was es wert ist, es zu haben.

Elisabeth Elliot

KAPITEL 5

Was sagt die Bibel?

Bethlehem

Und du, Bethlehem Efrata, das du klein unter den Tausendschaften von Juda bist, aus dir wird mir der hervorgehen, der Herrscher über Israel sein soll; und seine Ursprünge sind von der Urzeit, von den Tagen der Ewigkeit her (Micha 5,1).

Die kühle Brise tanzte durch die Felder und brachte eine nötige Erholung von dem warmen Tag. Die Sonne war schon vor Stunden untergegangen und in einem schillernden Rosa am Horizont verschwunden. Ein weiterer schöner Tag war zu Ende gegangen. Die Sterne funkelten am Mitternachtshimmel. Einige Männer saßen herum und erzählten sich Geschichten, um sich die Zeit vor dem Schlafengehen zu vertreiben. Die meisten Schafe schliefen bereits und ein paar Wächter beschützten sie. Die Männer lachten darüber, wie berechenbar die Schafe in ihrem Zeitplan waren. Die anderen Hirten, die schliefen, hatten das Glück, vier Stunden schlafen zu können, während die Wächter geduldig warteten, bis sie an der Reihe waren. Aus irgendeinem Grund waren die Schafe in dieser Nacht ungewöhnlich ruhig.

Doch plötzlich, ohne Vorwarnung, erschien ein helles Licht, das die Hirten erschreckte. Die leuchtende Schechina-Herrlichkeit strahlte auf ihre schockierten Gesichter. Die Männer waren völlig entsetzt, als ein Engel in ihrer Mitte erschien. Sie waren sprachlos und zitterten.

Der Engel sagte: *„Fürchtet euch nicht! Denn siehe, ich verkündige euch große Freude, die für das ganze Volk sein wird. Denn euch ist heute ein Retter geboren, der ist Christus, der Herr, in Davids Stadt. Und dies sei euch das Zeichen: Ihr werdet ein Kind finden, in Windeln gewickelt und in einer Krippe liegend* (Lk 2,10-12).

Als ob das alles noch nicht genug gewesen wäre, erschien außerdem eine große Schar von Engeln, die Gott lobten und sagten: *„Ehre sei Gott in der Höhe und Friede auf Erden bei den Menschen seines Wohlgefallens"* (Lk 2,14 LUT). Doch so plötzlich, wie die Engel erschienen waren, verschwanden sie auch wieder im Himmel.

Mit tränenüberströmten Gesichtern gewannen die Hirten schließlich ihre Fassung zurück. *„Lasst uns doch hingehen nach Bethlehem und diese Sache sehen, die geschehen ist",* rief einer der Männer. „Der Messias ist geboren! Wir haben so lange darauf gewartet!"

Sie waren sich alle einig, trieben die Schafe so schnell wie möglich zusammen und machten sich auf den Weg über die Felder. Vor lauter Freude sprachen sie darüber, was für eine Ehre es war, die ersten Menschen auf der ganzen Welt zu sein, die von der Geburt des Erlösers erfuhren. Die Hirten beeilten sich auf ihrem Weg nach Bethlehem.

~~~~~~~

Im Hebräischen bedeutet Bethlehem „Haus des Brotes". Jesus sagte, dass er das Brot des Lebens ist. Da Brot für unser physisches Leben wichtig ist, ist Jesus für unser geistliches Leben wichtig. Wenn wir auf ihn vertrauen, werden wir ewiges Leben haben.

Heutzutage in Bethlehem anzukommen, ist eine ziemlich surreale Erfahrung. Eine massive Mauer trennt die Stadt vom Umland. Bethlehem liegt etwa 10 km südlich von Jerusalem. Es ist eine Stadt von historischer und kultureller Bedeutung. Sie ist nicht mehr klein, sondern eine geschäftige Stadt mit mehr als 28.000 Einwohnern. Bethlehem beherbergt eine der größten arabisch-christlichen Gruppen im Nahen Osten. Die malerische Stadt, die auf einem Hügel über der Judäischen Wüste liegt, wird von der Palästinensischen Autonomiebehörde verwaltet. Alle Zufahrtsstraßen zur Stadt werden vom israelischen Militär kontrolliert.
~~~~~~~

Als wir an die Kontrollpunkte kamen, übergaben wir den Wachen unsere Pässe und warteten auf eine Fahrzeugkontrolle. Wir wurden schließlich als Touristen anerkannt, durften weiterfahren und begannen unseren Tag in der Stadt, in der König David geboren worden war. Nicht nur er war hier geboren worden, sondern auch Jesus, der König der Könige. Die Hauptdurchgangsstraße ist die „Manger Street" (Krippenstraße). Wir empfanden große Ehrfurcht, als wir an der Geburtskirche vorbeifuhren, die den Ort der Geburt Christi markiert. Die Kirche wurde im Jahr 325 von Kaiser Konstantin erbaut, aber dieses prächtige Bauwerk stand auf unserer Reise nicht auf dem Programm. Später werde ich noch von einem wunderbaren Ereignis berichten, das dort während einer meiner früheren Reisen nach Israel stattfand.

Daniel, unser Fahrer, hielt an der „First Baptist Church of Bethlehem", einer Baptisten-Kirche, die von Dr. Naim und Elvira Khoury und ihrem Sohn Steven geleitet wird. Diese Kirche ist die Heimat von „Holy Land Missions", einer weltweiten Organisation, die sich dafür einsetzt, die leidenden arabisch-christlichen Gemeinden mit der weltweiten Kirche zu verbinden.

Dr. Khoury verbrachte freundlicherweise ein paar Stunden mit uns und freute sich, Tommy kennenzulernen. In den 40 Jahren seit ihrer Gründung war die Kirche schon mehrmals bombardiert worden. Pastor Naim war viermal angeschossen worden. Diese mutigen Menschen stehen an vorderster Front im Kampf für das Christentum. Steven Khoury erzählte uns eine Geschichte aus seiner Kindheit, in der er die Verfolgung arabischer Christen und die Realität des Lebens in den Gebieten des Westjordanlandes beschreibt. Du kannst seine Geschichte in seinem Buch „In the Backyard of Jesus" („Im Hinterhof Jesu") nachlesen.

Steven erzählte: „Eines Nachts klingelten sieben Männer an der Tür und klopften wiederholt an unser Eingangstor. Israelische Soldaten hatten sie die ganze Nacht verfolgt, weil sie sie mit Steinen beworfen hatten. Ich schaute meine Vater an, und er sagte mir, ich solle ihm nach draußen folgen. Dann sagte er, ich solle stark sein, bevor er den Knopf drückte, um das Tor zu öffnen. Die Männer, die rote und schwarze Masken trugen, bluteten und schnappten nach Luft. Sie wollten, dass mein Vater sie versteckte und vor den Soldaten beschützte. Mein Vater saß zwischen allen Stühlen. Würde er nein sagen, würde er den israelischen Soldaten helfen. Sagte er ja, würde er sich und seine Familie in Gefahr bringen und möglicherweise den Terror unterstützen. Mein Vater hatte einen Ausdruck des Mitgefühls und der Vergebung auf seinem Gesicht. Die Männer an der Tür stammten aus einem der größten palästinensischen Flüchtlingslager im Westjordanland. Es befand sich auf der anderen Straßenseite unseres Hauses.

Die meisten Angriffe auf uns und unsere Familie waren von dort ausgegangen. Mein Vater forderte sie auf, sich zu beeilen und schnell zu kommen. Der Schock stand ihnen in den Augen, als wir sie nicht nur in die Sicherheit unseres Geländes ließen, sondern sie auch in den Kirchenraum brachten. Sie hatten erwartet, in einem schmutzigen Keller oder einer Garage untergebracht zu werden. Aber nein, mein Vater wusste, dass dies eine Gelegenheit war, ihnen die Liebe Christi zu zeigen.

Pastor Naim sprach mit ihnen über Liebe und Vergebung. Er erklärte ihnen, dass Gewalt keine Lösung ist und dass wir anderen gegenüber Barmherzigkeit zeigen müssen. Er erzählte ihnen, dass Jesus für ihre Sünden gestorben ist und sie von ihrem extremistischen Denken, ihrer Wut und ihrem Hass befreien wird. Sie waren schockiert, dass wir sie so sehr liebten, dass wir sie in unser ‚Heiligtum' brachten. Es waren die gleichen Männer, die die Familie Khoury täglich verfolgten. Mein Vater sagte später: ‚Töten und Hass ist das Einzige, was diese Menschen kennen. Sie erwarten von uns, dass auch wir sie hassen. Aber wenn wir ihnen Hass entgegenbringen, verraten wir Christus. Liebe und Vergebung sind eine Entscheidung, die wir treffen müssen, um ihnen zu beweisen, dass unser Gott real ist.'

Ich ging dann zu jedem der Männer und fragte, was ich für sie tun könne. Als ich mit einem von ihnen sprach, erkannte ich, dass es sich um einen der Männer handelte, die einst meinen Vater umbringen wollten. Am nächsten Sonntag kamen sieben unmaskierte, mysteriöse Männer in den Kirchenraum, setzten sich in die hintere linke Ecke und hörten die Evangeliumsbotschaft. Nach dem Gottesdienst schüttelten alle sieben Männer zuerst meine Hand, dann die meines Vaters und gingen wortlos, als würden sie die Gegenwart von Gottes Liebe und Mitgefühl in den Taten spüren, die sie erlebt hatten."

„Es war ein großer Segen, ihn zu besuchen", sagte Tommy. „Alle Menschen, die ich dort getroffen habe, waren wunderbar. Es ist erstaunlich, was sie durchgemacht haben und dass sie sich trotzdem nicht haben unterkriegen lassen. Als ich Pastor Naim zum ersten Mal ansah, war da die Herrlichkeit der Schechina über ihm … ein Leuchten. Ich wusste, dass er ein besonderer Mann war, noch bevor ich ihm vorgestellt wurde. Ich fühlte mich, als würde ich den Apostel Johannes vor mir haben. Du kannst ihn nicht töten; er kämpft immer noch weiter. Wie Johannes hat er eine starke Salbung. Naim hat einen hohen Preis bezahlt – er wird einen großen Lohn empfangen.

Es gibt einen Grund dafür, dass die Khourys dort sind und dass sie so lange überlebt haben. Gott gab mir eine Vision, als wir in der Kirche waren. Es wird dort eine große Ausgießung des Heiligen Geistes geben und eine riesige Erweckung wird ausbrechen."

Das Hirtenfeld

Das Gebiet, das als Hirtenfeld bekannt ist, besteht aus schönen Terrassen mit Bäumen. In der Region gibt es zahlreiche Höhlen. Das Gras ist spärlich, aber üppiger als an anderen Orten. Wer waren diese Hirten vor langer Zeit? Es waren levitische Hirten, die die Aufgabe hatten, die Lämmerherden zu bewachen, die Gott im Tempel in Jerusalem geopfert wurden. Wenn es an der Zeit war, dass eines der Schafe gebären sollte, wurde es in eine der dafür vorgesehenen Höhlen gebracht. Weil diese Lämmer als Opfer verwendet werden sollten, wurden diese Höhlen nach dem Gesetz rein gehalten. Auch Jesus wurde in einer dieser Höhlen geboren, weil es in der örtlichen Herberge keinen Platz für Maria und Josef gab.

Wie passend, dass das ultimative Opfer für unsere Sünden in einer der Höhlen der Opferlämmer geboren wurde. Wie schon gesagt, erschien ein Engel den *„Hirten …, die auf freiem Feld blieben und des Nachts Wache hielten über ihre Herde"* (Lk 2,8). Dieser Engel kündigte jenen Hirten die Geburt des Messias an. Was für eine wunderbare Nacht das war! Als wir über die herrliche Landschaft blickten, fragten wir uns, an welcher Stelle genau der Engel wohl an jenem Abend vor so langer Zeit erschienen war. Was für eine Ehrfurcht und Angst die Hirten womöglich empfunden haben, und was für ein Segen, dass sie diejenigen waren, die die aufregende Nachricht hören durften! Tommy saß lange Zeit da und nahm alles in sich auf.

Das Mittagessen gab es in einem malerischen Restaurant mit herrlichem Blick auf die Terrassenlandschaft. Ironischerweise gab es dort nicht das köstliche Essen aus dem Nahen Osten, das wir so lieben, sondern Pizza. Tommy behauptete, die Pizza sei die beste, die er je gegessen habe! Während dieser Auszeit sprachen wir darüber, warum Gott wohl ein so kleines Dorf ausgewählt hatte, um auf die Welt zu kommen. Propheten hatten schon vor langer Zeit vorhergesagt, der Messias werde in Bethlehem geboren. Matthäus 2,6 verweist auf eine der Prophetien: *„Und du, Bethlehem, Land Juda, bist keineswegs die geringste unter den Fürsten Judas, denn aus dir wird ein Führer hervorkommen, der mein Volk Israel hüten wird."*

Tommy erzählt

Vielleicht hat Gott diesen Ort ja ausgewählt, um der Welt zu zeigen, dass große Macht aus einfachen Verhältnissen kommt. Wenn wir uns vor dem Herrn demütigen und ihm vertrauen, wird er in der Lage sein, uns mächtig zu gebrauchen. In Jakobus 4,10 heißt es: „Demütigt euch vor dem Herrn! Und er wird euch erhöhen." Der Herr wird dir seine Gegenwart und seine Wahrheit offenbaren, wenn du mit einem demütigen Herzen zu ihm kommst.

Demütig sein ist der Schlüssel. Erhebe dich nicht selbst. Der Stolz wird dich packen, wenn du nicht darauf achtest. Hüte deinen Geist. Der größte Fehler, den du jemals machen könntest, ist, dir selbst die Ehre zu geben. Gott wird seine Ehre nicht mit anderen teilen. Du musst nicht aufstehen und verkünden: „Ich bin ein Apostel" oder: „Ich bin ein Prophet." Wenn du das tust, wirst du zu Fall kommen. Wenn du ein Prophet oder ein Heiler oder was auch immer bist, werden die Leute es sehen. Ich muss nicht jedem sagen, wer ich bin; Gott wird es ihnen offenbaren. So einfach ist das. In Sprüche 11,2 (LUT) steht: „Wo Hochmut ist, da ist auch Schande; aber Weisheit ist bei den Demütigen." Bleibe klein und demütig. Halte nicht mehr von dir, als du solltest.

Denke daran, Gott die Ehre zu geben. Das Geheimnis ist die Salbung, nicht ich. Wenn ich anfange, die Lorbeeren zu ernten, holt Gott mich heim. Billye Brim sagte mir, ich sei ziemlich bekannt und ziemlich „groß" geworden. Sie erinnerte mich daran, dass, wenn ich zu groß werde, um in die kleinen Gemeinden zu gehen, ich zu sehr von mir eingenommen bin. Ich müsse mich zurücknehmen. Gott führt die Demütigen und lehrt sie seinen Weg. Als ich Anfang 20 war, sagte mir Bruder Bill Brown, einer dieser lieben, alten Azusa-Street-Heiligen: „Liebe dich selbst, aber stelle sicher, dass du den heiligen Gott mehr liebst als du den heiligen Tommy liebst."

Die Geburtskirche

Obwohl wir die Geburtskirche auf dieser Reise nicht besuchten, möchte ich von einem früheren Besuch ein wenig über sie berichten. Dieses Gebäude ist die älteste vollständig erhaltene Kirche der christlichen Welt. Wir mussten uns tief bücken, um die Stätte zu betreten, die der Legende nach den Geburtsort Jesu markiert. Die „Tür der Demut" ist nur etwa 1,20 m hoch. Wie passend, dass wir uns verbeugen, wenn wir eine der heiligsten Stätten der Christenheit betreten. Es ist die älteste christliche Kirche, die täglich genutzt wird. Die Heiligkeit der Stätte wird von den drei Konfessionen aufrechterhalten, die sie benutzen: die griechisch-orthodoxe Kirche, die Kustodie des Heiligen Landes[1] und das armenische Patriarchat. Einige der Innenwände der Kirche sind mit goldenen Mosaiken verziert; viele davon sind der Zeit zum Opfer gefallen. Der Boden ist mit Steinplatten bedeckt, aber es gibt eine Falltür, unter der ein kleiner Teil des ursprünglichen Mosaikbodens zu sehen ist.

Dieses wunderschöne Gebäude hat 44 Säulen, die die Seitenschiffe voneinander trennen; einige dieser Säulen sind mit Heiligenbildern bemalt. Der Raum um den Altar ist mit großen vergoldeten Ikonen und religiösen Gemälden geschmückt. Als wir die Treppe neben dem Altar hinuntergingen, kamen wir in die Höhle, in der Jesus geboren worden sein könnte. Die genaue Stelle hat ein Loch im

[1] Die Kustodie des Heiligen Landes … ist die Ordensorganisation der Franziskaner im Heiligen Land (Wikipedia 28.01.2023).

Boden, das in die Höhle hinunterblicken lässt; sie ist mit einem silbernen Stern mit 14 Zacken markiert. Wir hielten inne, um zu beten. Wir verspürten ein überwältigendes Verlangen zu singen und begannen „Stille Nacht" zu singen. Ohne Aufforderung stimmten mehrere andere Gruppen, in denen viele Nationalitäten und Sprachen vertreten waren, ein. Die Stimmen hallten in dem kleinen Raum wider; die Unterschiede verschwanden. Es war ein sehr bewegender und herrlicher Moment, den ich nie vergessen werde.

Um uns am Nachmittag etwas zu erfrischen, hielten wir an einem kleinen Café, das für sein Kanafeh (od. Kunafa) bekannt ist. Das ist eine beliebte palästinensische Nachspeise, die aus ungereiftem Käse, oft Halloumi, besteht, der in zerkleinertem Filo-Teig gebacken und dann in einfachem Sirup mit Rosenwasser getränkt wird. Am besten schmeckt es, wenn man es warm isst, solange die Füllung noch klebrig ist. Der Besitzer des Cafés war so gastfreundlich und großzügig, wie es in der gesamten arabischen Kultur üblich ist. Uns nach einem langen Reisetag etwas auszuruhen, war genau das Richtige. Wie immer wollte ich mehr über die Wunder in der Azusa Street hören. Tommy erzählte gerne von den erstaunlichen Dingen, die ihm berichtet worden waren.

Tommy erzählt von Azusa

Mutter Mangrum

Ich möchte dir von Mutter Mangrum erzählen. Sie nannte mich oft ihren „kleinen Jungen". Sie war verheiratet, als sie mit ihrem Mann den Gottesdienst in Azusa besuchte. Sie war ungefähr 1,57 m groß und wog etwa 50 kg. Sie war sehr korrekt, aber auch sehr höflich. Einmal im Monat besuchte ich ihr Haus, das zu den größeren Häusern in Azusa gehörte. Ich saß auf einem großen Teppich zu ihren Füßen, aß Kekse und Milch und hörte mir ihre tollen Geschichten an. Sie saß auf einem großen, antiken Schaukelstuhl aus Holz, der schon ihrer Urgroßmutter gehört hatte.

Eines Abends kam in der Azusa Street eine Frau Mitte 40 herein, die auf ihren Händen ging. Sie nahm dabei ihre Hände, setzte sie auf den Boden und stieß sich ab. Ihre Beine waren völlig verdreht.

Sie stieß ihren Körper einen guten halben Meter nach vorne, was sie sehr schnell tun konnte; sie konnte praktisch rennen. Sie kam und bat um Gebet. Mutter Mangrum legte ihr die Hände auf und betete. Sie hörte ein knallendes Geräusch und sah, wie die Beine der Frau gerade wurden.

Etwa fünf Minuten später stand die Frau auf und ging umher und lobte Gott! Sie tanzte zum ersten Mal in ihrem Leben. Sie rannte aus dem Gebäude und lobte Gott, kam aber schnell wieder zurück ... aus Angst, sie würde ihre Heilung verlieren. Mutter Mangrum versicherte ihr, dies werde nicht der Fall sein. Die Frau erkundigte sich nach dem Nebel, der in der Luft hing. Sie sagten ihr, es sei die Schechina-Herrlichkeit und erklärten sie ihr. Die Frau hatte später einen großartigen Dienst für obdachlose Frauen und Prostituierte. Viele Frauen wurden durch sie gerettet und kamen von der Straße weg. Ich sagte zu Mutter Mangrum, dass ich diese Beine gerne gesehen hätte! Mutter Mangrum sagte: „Das kannst du gerne. Sie wohnt hier in Pisgah." Ich dachte, sie mache einen Scherz, aber sie versicherte mir, dass sie es ernst meinte.

Wir gingen in die Wohnung der Dame, die aber zurückhaltend war und nicht wollte, dass ich ihre Beine sehe. Schließlich lenkte sie ein und zeigte sie mir. Obwohl die Frau zu dem Zeitpunkt etwa 98 Jahre alt war, sahen ihre Beine um Jahrzehnte jünger aus. Selbst ein Filmstar wäre auf solche Beine neidisch! Als wir uns unterhielten, erzählte sie mir, sie habe sich immer gefragt, was mit der Schechina-Herrlichkeit passiert sei. Diese liebe Seele wurde 102 Jahre alt.

Ein weiteres Wunder, das Mutter Mangrum miterleben durfte, betraf eine Frau, die schwere Verbrennungen von einem Hausbrand in Shasta (Kalifornien) hatte. Ihre Familie hatte von der großen Erweckung in Los Angeles gehört. Sie cremten sie mit Salbe ein, setzten sie in einen Einspänner und fuhren über 800 km in der Hoffnung, dass Gott sie heilen würde. Da sie starke Schmerzen hatte, flehte sie die anderen unterwegs immer wieder an zu stoppen, damit sie sterben könne. Als sie in Azusa ankamen, ging Mutter Mangrum hin, um ihnen zu helfen.

Sie hob die Decke an, um nach der Frau zu sehen. Sie sagte, es sei ein grässlicher Anblick gewesen ... geschwärzte Haut und Knochen, die an manchen Stellen durchschienen. Das Fleisch war tot.

Sie sagte, sie habe keine Ahnung, wie die Frau noch am Leben sein konnte. Mutter Mangrum begann für die Frau zu beten. Mit der Zeit wurde die Frau ruhiger. Sie schauten unter die Decke und sahen, dass weniger Knochen sichtbar waren. Schließlich brachten sie sie erschöpft in ein Hotelzimmer, wo sie die Nacht verbrachte. Am nächsten Tag kamen sie kurz nach Mittag zurück. Keiner erkannte sie wieder! Sie war völlig geheilt worden! Ihr Mann sagte, sie sei schon immer eine hübsche Frau gewesen, aber jetzt sei sie noch viel schöner. Ich mag solche Geschichten.

Schwester Lucille

Diese Geschichte habe ich noch nie erzählt, aber du wirst sie lieben! Schwester Lucille McGillicuddy war eine kleine, zierliche Frau mit einem Herzen aus Gold. Sie war eine echte Persönlichkeit. Als sie zu Azusa kam, war sie erst 18 Jahre alt. Sie erzählte mir, dass ihr der Nebel der Schechina-Herrlichkeit während der Gottesdienste manchmal bis zum Hals ging.

Dann geschahen mächtige Wunder. Eines Abends kam ein junges Mädchen in die Missionsstation, um zu beten. Das Mädchen war eine Prostituierte, die im neunten Monat schwanger war. Der Arzt hatte ihr gesagt, das Baby sei tot und man müsse es entfernen. Das Mädchen wollte es aber nicht entfernen lassen; sie wollte das Baby.

Lucille sagte, vielleicht sei es ja klug, das tote Kind entfernen zu lassen. „Du kannst keine Prostituierte sein und ein Baby haben." Das Mädchen antwortete, sie werde nicht länger eine Prostituierte sein. Schwester Lucille legte ihre Hände auf den Bauch des Mädchens und betete inbrünstig. Sie spürte, wie etwas in ihre Hände kickte! Das Baby erwachte zum Leben! Lucille sagte, die Mutter sei ausgeflippt und habe geschrien und getanzt, sodass andere Leute sie festhalten mussten, damit sie sich beruhigte. Das Baby wurde geboren, wuchs heran und war später ein Pastor in der Gegend von Los Angeles, der viele zum Herrn führte! Ich lernte ihn kennen, als ich in Pisgah lebte. In Azusa wurden einige Menschen von den Toten auferweckt. In Epheser 3,20 steht, dass Gott „über alles hinaus zu tun vermag, über die Maßen mehr, als wir erbitten oder erdenken" können.

Wenn Schwester Lucille von den Wundern erzählte, die sie an Menschen mit sehr schlechten Zähnen vollbrachte, verging mir meist der Appetit auf Kekse und Milch. Sie sagte, wenn ein Zahn gefehlt habe, habe sie ihren Finger auf das Zahnfleisch der Person gelegt und den neuen Zahn ihren Finger hochdrücken lassen. Bei den wirklich kariösen Zähnen sei das ganze schlechte Zeug herausgekommen. Nachdem sie die Person dann mit einem Taschentuch gesäubert habe, sei ein neuer Zahn an seinem Platz gesessen. Sogar schiefe Zähne wurden gerade!

Eine andere Geschichte, die sie mir erzählte, handelte von einem Kind, dessen zweite Zähne von Anfang an kariös und schwarz waren. Normalerweise verfaulen die Zähne aufgrund von schlechter Ernährung oder mangelnder Hygiene. Die Mutter des kleinen Mädchens fragte Lucille, ob Gott die Zähne ihrer Tochter heilen würde. „Gott heilt alles, und ich bete gerne für Zähne.“ Lucille bat andere, ihr ein Taschentuch und eine Tasse zu bringen. Sie legte das Taschentuch auf den Mund des Mädchens und betete. Eine Handvoll geschwärzter Zähne fiel aus dem Mund des Mädchens in die Tasse! Kannst du dir vorstellen, was das Mädchen dachte, als die junge Frau ihre Zähne herausnahm?

Lucille sagte ihr: „Jetzt wird Jesus dir ein neues Gebiss geben und wir werden Spaß dabei haben, die Zähne nachwachsen zu lassen. Sie ging durch den ganzen Mund des Kindes, drückte auf das Zahnfleisch und die Zähne wuchsen einer nach dem anderen. Die Zähne wuchsen perfekt nach. Das Kind spürte keinen Schmerz; es sagte, es habe irgendwie gekitzelt.

Schwester Lucille war fast jede Nacht in der Azusa Street und betete für die Menschen. Sie sagte, jedes Mal, wenn sie dort war, seien zwei bis fünf Zähne nachgewachsen, im Durchschnitt drei pro Nacht. Sie wurde später eine Sekretärin von Aimee Semple McPherson und Jean Darnell, zwei Frauen, die das Evangelium in der ganzen Welt verbreiteten. Im Ruhestand zog sie nach Pisgah, wo sie für viele weitere Wunder des Heiligen Geistes betete und sie auch erlebte.“

Diese Wundergeschichten segnen und ermutigen uns auch heute noch. Alle diese Heiligen standen einmal in der Schechina-Herrlichkeit. Kannst du dir das vorstellen? Sie atmeten praktisch die Atmosphäre des Himmels ein. Es ist unmöglich, dass sie so geblieben sind, wie sie waren, als sie die Azusa-Mission betraten. Der Besuch in Bethlehem hinterließ bei uns das gleiche Gefühl der Ehrfurcht, des Staunens und der Begeisterung. Es ist unmöglich, das Feuer Gottes zu bändigen. Alles, was es berührt, wird verwandelt.

Wie ein mächtiger Strom fließt der Heilige Geist durch uns und bringt Leben in alles, was er berührt. Als wir diese wunderschöne Stadt verließen, beteten wir gemeinsam und baten Gott, die Erweckung seines Volkes schnell herbeizuführen.

Darum wird euch der Herr selbst ein Zeichen geben: Siehe, eine Jungfrau ist schwanger und wird einen Sohn gebären, den wird sie nennen Immanuel (Jes 7,14 LUT).

Und das Wort wurde Fleisch und wohnte unter uns; und wir sahen seine Herrlichkeit, eine Herrlichkeit als des Eingeborenen vom Vater, voller Gnade und Wahrheit (Joh 1,14 SLT).

Hat nicht die Schrift gesagt: Aus der Nachkommenschaft Davids und aus Bethlehem, dem Dorf, wo David war, kommt der Christus? (Joh 7,42).

Solange wir Gott nicht wirklich begegnet sind, haben wir keine Vollmacht, um eine Nation zu verändern.

Lou Engle

Die Sünde ist das Teuerste, was es im Universum gibt. Nichts anderes kann so viel kosten. Ob vergeben oder nicht vergeben, der Preis ist unendlich hoch. Wird sie vergeben, werden die Kosten vor allem von dem großen Sühneopfer getragen; wird sie nicht vergeben, muss sie auf den Kopf des schuldigen Sünders fallen.

Charles Finney

Kapitel 6

Folge dem Jordan

Der Jordan

Um diese Zeit kam Jesus von Galiläa her an den Jordan, um sich von Johannes taufen zu lassen (Mt 3,13 GNB).

Der Mann stapfte langsam den felsigen Abhang hinunter, in Richtung des Flusses. Er hatte schon seit Wochen gepredigt. Sein Gewand aus Kamelhaar wäre für jeden schwächeren Mann sehr unangenehm gewesen, aber Johannes war das egal. Wenn er etwas zu essen hatte, dann waren es oft Heuschrecken und wilder Honig. Er war auf einer Mission; es gab so wenig Zeit und so viel zu tun. Johannes wusste, dass das Himmelreich nahe war und das Gericht kommen würde. Er fühlte sich verpflichtet, es so vielen Menschen wie möglich zu sagen, und das so schnell wie möglich. Er lehrte, dass einer kommen würde, der nicht mit Wasser taufen würde, wie er es tat, sondern mit Feuer und dem Heiligen Geist. Einige Menschen verstanden es, die meisten nicht.

Johannes trug schwer an dieser wichtigen Mission, als er an jenem Nachmittag am Fluss ankam. Mit einem Herzen, das über die sündigen Menschen betrübt war, überbrachte er seine Botschaft. Einige traten vor, um sich in das Reich Gottes hineintaufen zu lassen. Als Johannes einen Moment innehielt, sah er einen Mann, der durch die Menge ging. Er bekam weiche Knie. Dieser große Mann Gottes, der in der Wüste so lange geweint hatte, war nun von Freude erfüllt.

Plötzlich ging alles, was er in den letzten Jahren getan und wofür er gelebt hatte, in Erfüllung. Johannes blickte in das Gesicht des Mannes und sagte: „*Siehe, das Lamm Gottes* ...“ (vgl. Joh 1,29).

~~~~~~~

Gottes Liebe ist wie ein mächtiger Strom, der durch die Welt fließt. Alles, was von ihm berührt wird, blüht auf und wird stark. Wenn dieser Strom der Gnade und Barmherzigkeit durch uns fließt, bringt er reiche Frucht hervor. Die Bibel sagt, dass man uns an unseren Früchten erkennen wird. Wir haben die Verantwortung, diese Liebe, die Freude und den Frieden an andere weiterzugeben. Als wir am Jordan entlangfuhren, schickten wir unsere Gebete auf das Wasser des Flusses, damit sie sich im ganzen Land ausbreiteten.

Im Hebräischen bedeutet Jordan „hinabsteigen“ oder „hinunterfließen“. Dieser schnell fließende Fluss beginnt am Fuße des Berges Hermon und fließt 360 km weit bis zum Toten Meer. Er liegt tiefer als alle anderen Flüsse der Welt, fast 400 m unter dem Meeresspiegel. Das Jordantal gehört zum ostafrikanischen Grabensystem. Der Abschnitt zwischen dem See Genezareth und dem Toten Meer ist ein breites, trockenes Tal.

In der Geschichte war der Jordan immer ein wichtiges Element in einem Land, das von religiösen und politischen Konflikten geprägt war. Heute dient der Fluss als geopolitische Grenze und ist gleichzeitig eine Quelle religiöser Faszination. Das Jordantal wird seit Jahrtausenden bewirtschaftet, wobei der Schwerpunkt der Landwirtschaft auf Datteln und Palmen liegt.

In der Nähe dieses Flusses geschahen viele wundersame Dinge. Er wird in der Bibel häufig erwähnt. Im Alten Testament heißt es in 1. Mose 32,10, Jakob habe den Jordan nur mit einem Stab durchquert, bevor Gott ihn segnete. Dieser Segen sollte ihm Wohlstand bringen und seine Nachkommenschaft wie den Sand im Meer machen, den man nicht zählen kann. Am Ende der Wüstenwanderung der Israeliten ließ Gott das Wasser des Jordans zurückfließen, sodass sie trockenen Fußes in das Gelobte Land einziehen konnten. Auch die Propheten Elia und Elisa überquerten den Fluss trockenen Fußes. Elisa forderte den syrischen Hauptmann Naaman auf, sich im Wasser des Flusses zu waschen; er tat es und wurde vom Aussatz
~~~~~~~

geheilt. An diesem Fluss, am Übergang in der Nähe von Jericho, ereigneten sich in der Geschichte Israels drei wichtige Wendepunkte, drei Führungswechsel: Von Mose zu Josua, von Elia zu Elisa und von Johannes zu Jesus.

Im Neuen Testament taufte Johannes der Täufer zahlreiche Menschen im Jordan, darunter auch Jesus. Jesu Wirken begann nach diesem Ereignis. Als wir den Fluss in der Nähe von Jericho besichtigten, fragten wir uns, an welcher Stelle der Heilige Geist wohl auf Jesus herabgekommen war und ihn zum Sohn Gottes erklärt hatte. Heute pilgern viele Christen zum Jordan, um dort untergetaucht zu werden. Die ersten 3 km unterhalb des Sees Genezareth werden für Taufen und den Tourismus freigehalten.

Seit biblischen Zeiten ist der Jordan voller symbolischer Bedeutung. In der Neuzeit wurde die Überquerung des Jordans zu einer Metapher für Befreiung. Unzählige Lieder, Hymnen und literarische Werke haben den Fluss als Inspiration genutzt. Wasser steht für Reinigung und Leben. Die Taufe ist ein äußerer Ausdruck für die Abwaschung unserer Sünden.

Wir besuchten die Taufstelle in Yardenit, südlich von Galiläa. Es war herrlich zu sehen, wie so viele Menschen getauft wurden. Bei einem früheren Besuch in Israel hatte ich mich dafür entschieden, mich im Jordan taufen zu lassen. Ich bekam dazu ein weißes Gewand, das ich über meinem Badeanzug tragen sollte. Als ich in der langen Schlange stand, hatte ich Zeit, mich daran zu erinnern, wie Johannes Jesus in diesem Fluss taufte. Ich ging ins Wasser, lobte Gott und dankte ihm für das wunderbare Geschenk der Erlösung. Bei diesem Besuch an der Taufstelle gab Gott Tommy ein wunderbares und mächtiges Wort und eine Vision.

Tommy erzählt

Überall in Israel werden Dinge geschehen. Eine Erweckung wird ausbrechen! In der ganzen Bibel spielt der Jordan eine Rolle. Wir dürfen nicht vergessen, dass auch der See Genezareth und das Tote Meer Teil des Jordans sind. Wir müssen auf den Jordan achten. Folge dem Fluss, auch in andere Länder. Wie sagte Jesus: „Ihr sollt

Menschenfischer sein!" Das müssen wir tun. Als ich auf die Fische im Fluss schaute, gab Gott mir eine Vision. Als die Fische aus dem Fluss aufstiegen, wurden sie zu Menschen, zu Tausenden! Gott sagte, dass es eine Erweckung sein wird; auf beiden Seiten des Jordans, auf der israelischen und auf der jordanischen Seite, wird eine große Erweckung beginnen. Ich begann Gott zu preisen und rief Jody zu: „Folge dem Jordan! Die Netze werden zerreißen. Die Erweckung wird auf der ganzen Welt stattfinden!"

~~~~~~~

Kannst du dir die Worte vorstellen, die Jesus zu den Fischern sagte, die seine Jünger wurden? Er sagte ihnen, er werde sie zu Menschenfischern machen. Jesus ist lebendiges Wasser. Wir müssen uns an die Vision erinnern, die Gott Tommy gegeben hat, wenn auch wir Menschen ins Reich Gottes bringen wollen. Ohne Unterlass sollten wir weiter für Erweckung beten! Als wir am Fluss saßen und von der Schönheit dessen, was Gott uns zeigte, überwältigt waren, erzählte uns Tommy wieder einmal weitere unglaubliche Geschichten.

Tommy erzählt von Azusa

Bruder Cantrell

Hier am Fluss zu sein, erinnert mich an eines der Wunder, an denen Bruder Cantrell beteiligt war. Bruder Cantrell besuchte Pisgah oft; ich traf mich etwa einmal im Monat mit ihm. Er war Zeuge von Tausenden von Wundern in der Azusa Street. Später predigte er jahrzehntelang in der Foursquare Church und arbeitete mit Aimee Semple McPherson zusammen. Bruder Cantrell nahm mich einmal mit ans Meer, um mir zu zeigen, wo Bruder Seymour Menschen taufte. Es war am Pier von Santa Monica. Sie gingen etwa bis zur Taille ins Wasser und Seymour taufte sie dann.

Hier nun eine weitere Geschichte, die ich noch nie erzählt habe. Gott sagte mir, dass ich sie erzählen darf. Damals saß Bruder Cantrell in Huntington Beach auf einer Bank und genoss es, die wilden Wellen des Pazifiks zu beobachten. Jemand war ertrunken.
~~~~~~~

Auf einmal riefen die Leute: „Es ist sinnlos, er ist tot!“ Der Mann war untergegangen und hatte den Kopf an einen Felsen gestoßen. Als die Rettungsschwimmer endlich zu ihm kamen, war schon viel Zeit vergangen. Sie konnten ihn nicht mehr wiederbeleben; er war seit etwa 16 Minuten tot. Eine Decke war über seinen Körper gelegt worden.

Bruder Cantrell verließ seine Bank und ging hin, um zu helfen. Sie sagten ihm: „Sir, wir brauchen Sie nicht ... auch wenn Sie ein Arzt sind.“ Er sagte, sie sollten ihn in Ruhe lassen. Er zog die Decke weg. Er sagte: „Wollt ihr die Macht meines Gottes sehen, Leute? Wie groß mein Gott ist? Seht her!“

Bruder Cantrell legte die Hände auf den Mann und befahl ihm, ins Leben zurückzukehren. Der Mann fing an zu husten und zu würgen! Er war von den Toten auferstanden! Bruder Cantrell sagte zu ihm: „Es ist schon fast Mittag. Wie wäre es, wenn ich dir einen Hotdog und eine Coca-Cola kaufe?“ Der Mann schaute ihn lange an und sagte dann, nein, er würde die Hotdogs und die Coca-Colas kaufen. Sie gingen zusammen als Freunde weg. Wie du dir vorstellen kannst, gab es eine ziemlich große Erweckung unten in Huntington Beach.

Ein weiteres Wunder, an dem Bruder Cantrell beteiligt war, betraf mich. Ich war ein gewohnheitsmäßiger Raucher und Trinker. Ich wusste, dass es mir nicht guttat, aber ich konnte nicht damit aufhören. Eines Tages, nach einer Gemeindeversammlung in Pisgah, ging ich zu Bruder Cantrell und bat ihn, für meine Sucht zu beten. Das tat er dann auch, und zwar sofort. Von diesem Moment an wollte ich nie wieder eine Zigarette oder ein alkoholisches Getränk haben. Alles, was Gott tut, ist für mich ein „Wow!“

~~~~~~~

So wie der Fluss Verunreinigungen wegspült, wäscht das Blut Jesu die Sünde ab. Sünde trennt uns für immer von Gott. Sie hat einen Preis, und dieser Preis ist höher, als wir je bezahlen könnten. Deshalb ist Jesus für unsere Sünden gestorben; er hat den Preis bezahlt. Buße ist der Schlüssel zu jeder Erweckung, die von Gott kommt. Wenn wir eine Erweckung wollen, müssen wir unser Leben vom Heiligen Geist prüfen lassen. Wir müssen beten und uns dem Herrn
~~~~~~~

wirklich hingeben. Es ist seine Güte, die uns zur Umkehr bewegt. Ohne Buße und Gebet kann es keine Erweckung geben.

Galiläa war das nächste Ziel auf unserer Reise. Wir freuten uns darauf, die antiken Städte Magdala, Kapernaum und Tiberius zu sehen. Der wunderschöne Berg der Seligpreisungen stand ganz oben auf unserer Liste. Durch Dörfer zu wandern, traditionelles Essen zu genießen, Musik zu hören … es gibt so viel Geschichte in diesem Land, dass wir Monate damit verbringen könnten, es zu erkunden. Jeder Ort, den du in Israel besuchst, ruft Gefühle der Ehrfurcht und des Staunens hervor … selbst die Steine rufen Gottes heiligen Namen aus. Der Abschied von jedem Ort fiel uns schwer.

Denn der HERR, euer Gott, hat das Wasser des Jordan vor euch vertrocknen lassen, bis ihr hinübergezogen wart, wie der HERR, euer Gott, es mit dem Schilfmeer tat, das er vor uns vertrocknen ließ, bis wir hindurchgezogen waren (Jos 4,23).

Und es ging zu ihm hinaus das ganze judäische Land und alle Leute von Jerusalem und ließen sich von ihm taufen im Jordan und bekannten ihre Sünden (Mk 1,5 LUT).

Sobald Jesus getauft war, stieg er aus dem Wasser. Da öffnete sich der Himmel, und er sah den Geist Gottes wie eine Taube auf sich herabkommen. Und eine Stimme aus dem Himmel sagte: „Dies ist mein Sohn, ihm gilt meine Liebe, ihn habe ich erwählt" (Mt 3,16-17 GNB).

Der einzige Christ, dem du zuhören willst, ist derjenige, der dich mehr nach Gott hungern lässt.

A.W. Tozer

Ich bat Gott, mir die Kraft zu geben, die er den galiläischen Fischern gegeben hat – mich für den Dienst zu salben. Ich kam wie ein Kind, das nach Brot fragt. Ich suchte es … und Gott hat mich nicht enttäuscht.

Maria Woodworth-Etter

Kapitel 7

Überleg es dir

Galiläa

So zog Jesus durch ganz Galiläa, verkündete in den Synagogen die Gute Nachricht und trieb die bösen Geister aus (Mk 1,39 GNB).

Der kleine Junge schlenderte zu den beiden Fischern, als sie ans Ufer ruderten. Er war dort, um seine übliche Tagesration zu bekommen. Die Männer waren immer so großzügig gewesen, die kleinen Fische mit ihm zu teilen. Sie wussten, dass die schmächtigen Dinger auf dem Fischmarkt in Magdala kaum Geld einbringen würden. Er rief ihnen zur Begrüßung etwas zu, wich dann aber zurück, als er die finsteren Blicke auf ihren Gesichtern sah. *Hmm ... Muss wohl eine schlechte Nacht zum Fischen gewesen sein,* dachte er. Niedergeschlagen wanderte er den Hügel hinauf, der in einiger Entfernung lag. Heute gab es kein Frühstück für ihn; auch seine Mutter und seine kleine Schwester würden hungrig sein. Er hasste den Gedanken, mit leeren Händen nach Kapernaum zurückzukehren.

Als er auf dem See Genezareth nach anderen weitherzigen Spendern Ausschau hielt, bemerkte er einen Fremden, der mit zwei Fischern sprach. Als er näherkam, um zu lauschen, hörte er, wie der Mann den Brüdern befahl, ihre Netze ins Meer zu werfen, und zwar genau hier und jetzt! Der Junge lachte, weil er fand, dass der Fremde sicher nicht viel vom Fischen verstand. Doch aus irgendeinem Grund taten die Fischer, was ihnen gesagt wurde.

Innerhalb weniger Augenblicke begann das Boot sich zu neigen. Die Männer bemühten sich, die Netze anzuheben. Zum Erstaunen des Jungen waren die Netze bis zum Rand mit allen Arten von Fischen gefüllt. Nicht nur kleine, sondern auch große! Er freute sich, dass er an diesem Tag doch noch sein Frühstück bekommen würde, und blickte in das lächelnde Gesicht des Fremden. Von diesem Moment an wusste er, dass er nie wieder hungern würde.

Kapernaum

Unser Tag begann früh. Zum Frühstück gab es ein mit Honig getränktes Gebäck und eine Tasse starken Kaffee. Wir nahmen uns Orangen, Granatäpfel und Datteln mit, um sie später am Vormittag als kleinen Snack zu essen. Die Sonne war noch kaum über dem Horizont, als wir in den Van stiegen und nach Norden fuhren. Wir ließen den Trubel der Stadt hinter uns und machten uns auf den Weg, um mehrere Städte in Galiläa im Norden Israels zu besuchen.

Unser erstes Ziel war das ehemalige Dorf Kapernaum. Heute steht die Stadt Kfar Nahum an der Stelle, an der Kapernaum einst stand. Die Ruinen von Kapernaum ziehen jedes Jahr Tausende von Pilgern aus der ganzen Welt an.

Kapernaum war zu biblischen Zeiten eine der wichtigsten Handelsstädte in der Gegend. Es wurde von etwa 1.500 Menschen bewohnt und war sehr wohlhabend. Karawanen, Händler und Reisende zogen auf der Via Maris, der Haupthandelsstraße zwischen Ägypten und Damaskus, durch das Dorf. Heute steht in Kapernaum noch ein Meilenstein der Via Maris. Kapernaum wird im Alten Testament nicht erwähnt, aber im Neuen Testament ist es ein wichtiges Dorf.

Nachdem er in Bethlehem geboren wurde, wuchs Jesus in Nazareth auf. Doch in Kapernaum verbrachte er die entscheidenden Jahre seines Dienstes in Galiläa und tat viele Wunder. Nachdem er in der Wüste versucht worden war, kam Jesus laut der Bibel in dieses Dorf, um dort zu wohnen (vgl. Mt 4,13). Hier traf er Matthäus, Johannes, Petrus, Andreas und Jakobus – fünf seiner späteren Jünger.

Es war die Ausstrahlung Jesu, welche die Menschen dazu brachte, sich um ihn zu scharen. Die Menschen konnten die Herrlichkeit in ihm sehen; sie kamen zu der Herrlichkeit, um befreit und gerettet zu werden. Überall in Galiläa kamen Scharen von Menschen zu ihm, um das Evangelium zu hören und Wunder zu empfangen.

Ein Zeichen der Salbung Gottes ist die Fähigkeit, Menschen zu versammeln. Die Kranken kommen, um geheilt zu werden; die Hoffnungslosen kommen, um Hoffnung zu bekommen; die Ungebildeten kommen, um unterrichtet zu werden. Es ist wichtig, ein Leben der Ehre, des Lobes und der Anbetung zur Ehre Gottes zu führen. Dann werden sich die Menschen auch um dich scharen.

Nachdem wir die Ruinen besichtigt hatten, setzten wir uns unter einen Maulbeerfeigenbaum und lasen die biblische Geschichte von Zachäus. Das war der perfekte Zeitpunkt, um das leckere Obst zu essen, das wir aus dem Speisesaal des Hotels mitgebracht hatten. Daniel erzählte uns so viel Faszinierendes über die Gegend. Es war wirklich ein Ort der Wunder.

Tommy erzählt

Ich konnte in Israel die Salbung spüren. In Kapernaum, wo Jesus lebte, konnte ich das Haus sehen, wo sie das Loch ins Dach gemacht hatten. Die Dächer waren flach; du kannst dir vorstellen, wie einfach das war. Man konnte fast auf das Dach steigen. In und um Galiläa wird es eine gewaltige Erweckung geben! Jesus hat alle geheilt. Wir sollten immer noch Heilungserweckungen haben. Wie viele Millionen sind durch Heilungsversammlungen gerettet worden?

Die Menschen kamen zu Jesus, weil er Wunder vollbrachte. Wenn eine Heilung geschieht, dann tut Gott das. Ich mache mir keine Sorgen um irgendetwas. Ich lehne mich zurück und überlasse alles Gott ... die Heilungen werden kommen. In Azusa gab es Heilungen in Hülle und Fülle und sie brachten sie dann in die ganze Welt. Heilungen ziehen Errettungen nach sich. Die Heilungserweckungen in den USA wurden 1939 von Smith Wigglesworth gegenüber Lester Sumrall prophezeit. Er sagte, Amerika werde eine große Erweckung erleben. Sie begann wenig später und dauerte bis Mitte der 1960er-Jahre. Damals beschlossen sie, die Heilungsversammlungen einzustellen und zur Lehre überzugehen. Das war gut für die Christen, aber die Heilungen waren ein Zeichen für die Ungläubigen. Auch

Israel ist auf der Suche nach einem Zeichen. Ich glaube, dass eine große Heilungserweckung die Dinge hier ins Rollen bringen wird! Selbst Jesus sagte, dass, wenn in anderen Städten solche Wunder geschehen würden wie in Kapernaum, diese Städte schon längst umgekehrt wären.

Magdala

Als wir uns auf den Weg in die Gegend von Magdala machten, kamen hellgrüne Felder in Sicht. Vögel kreisten über dem blauen Wasser des Sees. Wir waren gespannt auf die archäologische Stätte dieser ehemaligen Stadt der Handwerker, Schiffsbauer und Fischer.

Magdala war einmal eine kleine Siedlung, die während der hellenistischen Zeit um 200 v. Chr. entstand und etwa 400 Jahre lang bestand. Der Name Magdala, „Turm der Fische", weist darauf hin, dass der Wohlstand der Stadt auf dem See beruhte. In der Antike war sie bis zur Errichtung von Tiberias die wichtigste Stadt an der Westküste des Sees Genezareth. Sie brachte hohe Steuereinnahmen und lag an einem wichtigen Handelsweg, der von der Küste kam und mit einer Straße, die ins Jordantal hinabführte, verbunden war. Gepökelter Fisch aus Galiläa war in der gesamten griechischen und römischen Welt bekannt. Josephus, der jüdische Historiker, berichtet, Magdala sei zu einer Stadt mit 40.000 Einwohnern herangewachsen.

Im Jahr 2009 bereitete eine lokale Organisation das Fundament für den Bau eines religiösen Zentrums in der Gegend vor. Bauarbeiter entdeckten ein paar Meter unter der Oberfläche Gegenstände. Eine anschließende Ausgrabung förderte eine jüdische Synagoge zutage, die mehr als 2.000 Jahre alt ist! Die Magdala-Synagoge wurde etwa 50 Jahre vor Christi Geburt erbaut. Die wunderschönen Mosaike im Innenhof zeigen den Wohlstand der Stadt. Weitere Ausgrabungen förderten eine ganze Stadt zutage, darunter Fischerviertel und einen Marktplatz. Der bisher wichtigste Fund ist der Magdala-Stein, ein gemeißelter Steinblock, der den Zweiten Tempel darstellt. Auf ihm ist eine der frühesten bekannten Darstellungen der siebenarmigen Menora eingemeißelt.

Josephus schrieb, dass Magdala während des zweiten jüdischen Aufstandes als Stützpunkt für die Aufständischen diente. Diese Freiheitskämpfer rissen die Synagoge ab und benutzten ihre Steine, um die Stadt zu befestigen. Diese Steine sind noch heute rund um die Stadt zu sehen. Experten glauben, dass bisher nur 10 Prozent der antiken Überreste freigelegt sind; es gibt noch so viel mehr zu entdecken. Magdala ist einer der wichtigsten archäologischen Funde Israels in den letzten 50 Jahren.

Alle vier biblischen Evangelien berichten von Maria Magdalena, einer Anhängerin von Jesus. Es wird angenommen, dass ihr Name Maria von Magdala bedeutet, aber es gibt keine biblischen Informationen, die belegen, dass dies ihr Geburtsort oder ihre Heimat war. Sie war anderes als die anderen Jünger – kein Mann, kein Zöllner und kein Fischer. Dennoch wird sie in den Evangelien zwölf Mal erwähnt, mehr als die meisten Apostel. Jesus trieb sieben Dämonen aus Maria Magdalena aus. Sie war bei der Kreuzigung dabei und sah als Erste, dass Jesus nicht mehr im Grab lag, sondern auferstanden war. Entgegen aller Spekulationen wird in der Bibel nie gesagt oder auch nur angedeutet, dass Maria eine Prostituierte war.

Durch diese antike Stadt zu spazieren war eine erstaunliche Erfahrung. Wir stellten uns die Gläubigen vor, die die wunderschöne Magdala-Synagoge besuchten und Gott über die Jahrhunderte hinweg lobten. Es gibt wunderbare Nachbildungen des Magdala-Steins und zahlreiche Gemälde, die man als Souvenir erwerben kann. Der schönste Druck im Geschenkeladen der Kapelle heißt „Begegnung". Diese wunderbare Darstellung zeigt die Frau, die den Saum des Gewandes von Jesus berührt. Atemberaubend! Unsere Koffer wurden immer voller.

Der Berg der Seligpreisungen

Als wir den Berg der Seligpreisungen erreichten, raubte uns die weite Aussicht den Atem. Der See glitzerte in der Mittagssonne. Herrliche Musik erfüllte die Luft.

Der Berg der Seligpreisungen ist ein Hügel im Norden Israels auf der Korazim-Hochebene. Es wird angenommen, dass an diesem wunderschönen Ort die berühmteste Lehre Jesu, die Bergpredigt, gehalten wurde. Er überblickt das nordwestliche Ufer des Sees Genezareth und bietet einen fantastischen Blick auf den See und die Golanhöhen auf der anderen Seite. Der tatsächliche Ort der Bergpredigt ist nicht bekannt, aber der heutige Ort wird seit mehr als 1.600 Jahren als solcher bezeichnet.

Auf dem Gipfel fügt sich die Kirche der Seligpreisungen in den Hang ein. Dieses majestätische, achteckige Gebäude hat acht Seiten, welche die acht Seligpreisungen darstellen, die in den oberen Fenstern auf Latein geschrieben stehen. Sie wurde 1938 für einen franziskanischen Nonnenorden gebaut. Auf dem prächtigen Mosaikboden sind die sieben Tugenden Glaube, Gerechtigkeit, Hoffnung, Stärke, Mäßigung, Klugheit und Nächstenliebe dargestellt. Wenn du auf der Veranda der Kirche stehst und auf den See und die Hügel blickst, ist das eine eindrucksvolle Kulisse, um sich an die Bergpredigt zu erinnern.

> Die Ruhe dieses schönen Ortes ist hier jedoch nicht sehr hilfreich, denn sie suggeriert, die Worte Jesu seien ruhig und angenehm gewesen, obwohl sie in Wirklichkeit radikal, fordernd, autoritär, revolutionär und gegenkulturell waren. Jesus rief Israel zu einer neuen Lebensweise auf.
>
> Peter Walker, Bibelwissenschaftler

Tommy sagte: „Der Blick nach unten, von der Stelle, wo Jesus mehrere tausend Menschen speiste, war gewaltig. Man konnte den Geist spüren und den Herrn dort unten predigen sehen. Als wir dort saßen, wo wahrscheinlich die Bergpredigt gehalten worden war, war es irgendwie surreal. Der Ort sah perfekt aus, so wunderschön. Die beiden größten Predigten, die je gehalten wurden, waren die Bergpredigt und Martin Luther Kings Rede „Ich habe einen Traum", in der er sagte, eines Tages werde ein Mensch nicht nach seiner Hautfarbe beurteilt werden, sondern nach dem Wesen seines Charakters. Das war eine der größten Aussagen, die je gemacht wurden."

Tiberias

Wir fuhren die kurvige Straße die Hügel hinunter zur Uferpromenade von Tiberias, um dort etwas Kaltes zu trinken. Hier konnten wir gemütlich sitzen, die Boote im Hafen beobachten und über die Geschichte dieser wichtigen Stadt sprechen. Nach der Erfrischung machten wir uns auf den Weg in den Süden, um die römischen Ruinen zu besichtigen.

Tiberias wurde am Westufer des Sees Genezareth von Herodes Antipas gegründet. Er war einer der drei Söhne von Herodes dem Großen, die Palästina nach dem Tod ihres Vaters unter sich aufteilten. Herodes Antipas benannte die Stadt nach dem regierenden römischen Kaiser Tiberius. Nach der Zerstörung des Tempels wurde Galiläa das wichtigste jüdische Gebiet von Palästina. Seine größte Stadt, Tiberias, gewann an Bedeutung. Der Sanhedrin, das Hohe Gericht Israels während der Zeit des Zweiten Tempels, und die Akademien der jüdischen Gelehrsamkeit zogen dorthin.

Die Stadt wurde um 17 natürliche, heiße Mineralquellen herum gebaut, die etwa 200 m unter dem Meeresspiegel liegen. Tiberias hat seit mehr als 2.000 Jahren Touristen aus allen Teilen der antiken Welt empfangen. Sie ist eine der am tiefsten gelegenen Städte ihrer Größe auf der Welt. Die Ruinen des Südtors der Stadt, das von Agrippa II. erbaut wurde, wurden 1975 freigelegt. Von den vielen Kirchen in der Stadt läuten wohlklingende Glocken. Tommy war begierig darauf, uns noch mehr Geschichten zu erzählen.

Tommy erzählt von Azusa

Bruder Sines und Bruder Christopher

Die vielen Kirchenglocken in dieser Gegend zu hören, erinnert mich an die Geschichten, die mir Bruder Sines und Bruder Christopher erzählt haben. Sie waren beide Teil des Leitungsteams von Azusa. Obwohl das Singen im Geist bereits Teil der Gottesdienste dort war, wurde es durch die Anwesenheit von Sines und Christopher noch verstärkt. Mit ihrem Klavier und ihrer Geige wurde der neue himmlische

Gesang von gewöhnlich zu außergewöhnlich. Sines war zur Zeit der Erweckung in Azusa etwa 26 Jahre alt.

Ich lernte Bruder Sines 1960 in Pisgah kennen. Ich wohnte in einem dreistöckigen Wohnheim, in dem Sines der Wohnheimleiter für alle alleinstehenden Männer war, die in Pisgah wohnten. Ich hatte eine Abmachung mit ihm, dass ich seine Wohnung putzen würde, wenn er mir seine Geschichten erzählen würde. Nachdem ich die Linoleumböden gewischt hatte, holten wir meinen Lieblingssnack, und dann begannen die tollen Geschichten.

Bruder Sines war ein Konzertpianist und arbeitete sogar einmal mit Tommy Dorsey zusammen. Er brachte sein Klavier mit in die Apostolic Faith Mission. Ohne Noten oder ein Gesangbuch spielte und sang er jedes Lied, das Bruder Seymour von ihm wollte. „Tommy, als ich in Azusa war, saß ich da und sah zu, wie sich meine Finger bewegten, und es klang, als würden tausend Klaviere spielen", sagte er. Das erinnert mich an Offenbarung 5,11 (GNB): „Dann sah und hörte ich Tausende und Abertausende von Engeln, eine unübersehbare Zahl ..." Kannst du dir vorstellen, wie herrlich das geklungen haben muss? Es war wie der Gesang eines himmlischen Chors.

Eines der Wunder, von denen mir Bruder Sines erzählte, wurde durch Seymour bewirkt. Damals schossen Flammen aus heiligem Feuer in und aus dem alten Lagerhaus. Der ganze Ort war erfüllt von der Schechina-Herrlichkeit. Bei diesem besonderen Wunder ging es um einen Mann, der fast sein ganzes Leben lang Zigarren geraucht hatte. Er hatte immer eine in seinem Mundwinkel stecken. An der Stelle, an der die Zigarre in seinem Mund steckte, wuchs Krebs. Der Krebs hatte sich ein Loch in die Wange des Mannes gefressen. In seinem Mund war das, was nicht gefressen war, schwarz und verfault. Mehrere Zähne fehlten.

Er erzählte Bruder Seymour und Bruder Sines, der Arzt habe ihm nicht mehr als ein Jahr zu leben gegeben. Seymour sagte ihm, der Arzt habe recht, aber Gott könne es ändern. Er legte dem Mann die Hände auf und betete. Als er seine Hände wegnahm, war das schwarze Gewebe verschwunden! Sie standen da und konnten wirklich zusehen, wie das fehlende Zahnfleisch, die Zähne und das Fleisch nachwuchsen, bis alles wiederhergestellt war. Wir dienen einem mächtigen Gott!

Als Sines etwa sechs Monate in der Azusa Street war, schloss sich Bruder Christopher der Gemeinde an. Er besaß eine Stradivari-Violine und begleitete Bruder Sines, wenn er auf seinem Klavier spielte. In den Jahren nach Azusa spielten Sines und Christopher viele Konzerte zusammen.

Auch Bruder Christopher lebte in Pisgah, als er alt wurde. Er wohnte zur selben Zeit im Wohnheim wie ich. Er war einer der höflichsten und vertrauensvollsten Männer, die ich je kennengelernt habe. Er war italienischer Abstammung und hatte in seinen 70ern immer noch kohlschwarzes Haar. Er erzählte mir, er habe, als er in der Azusa-Mission spielte, im Geiste gespielt: „Ich habe auf einem Niveau gespielt, das ich nicht einmal bei meinem größten Konzert erreicht habe“, sagte er. Einmal versuchte er, die Herrlichkeit der Schechina in eine Flasche zu füllen, doch zu seinem Entsetzen war die Flasche am nächsten Morgen leer. Eines der Wunder, an denen er beteiligt war, betraf einen blinden Mann, der von seiner Frau in die Versammlung gebracht wurde. In der linken Hand hielt er einen weißen Stock mit einer roten Spitze, mit der rechten Hand hielt er sich an seiner Frau fest. Die Frau ging direkt auf Bruder Christopher zu und sagte: „Mein Mann ist blind. Heile ihn.“ Christopher erklärte ihr leise, dass er ihn nicht heilen könne, aber er könne für ihn beten, und Jesus würde ihn heilen. Sie bestand darauf, dass er das tat. Demütig und gehorsam betete Bruder Christopher für den Mann. Sofort war er geheilt!

Bruder Fox

Da wir gerade über Musik reden, muss ich an all die Menschen denken, die noch nie Gesang oder Worte gehört haben. Das führt mich zu Bruder Fox. Als Fox im späten Teenageralter war, ging er in die Azusa Street, um sich auf den Einsatz auf dem Missionsfeld vorzubereiten. Bereits mit 20 Jahren vollbrachte er Wunder und brachte das Wort Gottes nach Indien. Ich traf ihn 1963 in Pisgah, nachdem er in den Ruhestand getreten war; er freute sich sehr, seine Freundschaften zu vielen der Azusa-Heiligen zu erneuern. Er war etwa 1,75 m groß und trug sein silbernes Haar ziemlich lang und gerade nach hinten gekämmt. Sein Haar war so glänzend, dass es leuchtete, wenn er in der Nähe einer Lampe war.

Gelegentlich begleitete ich ihn in der Straßenbahn, wenn er den Leuten, die dort mitfuhren, Zeugnis gab. Zwischendurch erzählte er mir immer wieder Geschichten über Indien. Was für einen mächtigen Dienst er hatte! Die Wunder in der Azusa Street erzählte er mir in seiner Wohnung, während ich zu seinen Füßen saß und aufmerksam zuhörte.

Bruder Fox sagte, er sei von der Bewegung Gottes überwältigt gewesen! Die Manifestation der Macht Gottes habe je nach dem Maß der anwesenden Schechina-Herrlichkeit variiert – je dichter die Wolke, desto größer die Wunder! Fox empfand eine große Liebe für Bruder Seymour und hatte auch großen Respekt vor ihm. Er sagte, er sei ein sehr tiefgründiger Mann Gottes gewesen.

Bruder Fox liebte es, für Gehörlose und Stumme zu beten. Eines Abends brachte ein Gebärdensprachlehrer einer Gehörlosenschule etwa 35 seiner Schüler mit. „Wenn du ihnen die Gebärdensprache beibringen willst, warum hast du sie dann an einen Ort gebracht, an dem sie geheilt werden?", fragte Fox den Lehrer. Erstaunt stellte der Lehrer fest, dass Fox so sprach, als würden sie alle geheilt werden. Ermutigt durch den Heiligen Geist, antwortete Fox, sie würden geheilt werden! Bruder Fox bat sie, einen Kreis zu bilden und sich an den Händen zu fassen. Ohne zu zögern, flüsterte Fox dem ersten Mann ins Ohr und befahl dem bösen Geist herauszukommen.

Sofort geschah das Wunder! Als der Mann plötzlich hören konnte, war er sehr begeistert. Als die anderen seine Begeisterung und seine Verwunderung sahen, wurden sie einer nach dem anderen geheilt. Alles, was Fox tun musste, war, dem ersten Mann etwas ins Ohr zu flüstern, und von da an übernahm Gott das Kommando. In nur wenigen Minuten war jeder Einzelne von ihnen geheilt! Bruder Fox hatte einen starken Glauben an die Macht von Jesus.

~~~~~~~

Die Reise durch Galiläa führte uns sowohl die Vergangenheit als auch die Gegenwart plastisch vor Augen. So war es in ganz Israel. Wir besichtigten die Ruinen einer Synagoge und antike Relikte. Und ganz in der Nähe spielten Jungen in ihren Vereinsfarben mit einem Fußball. Wir kauften in einem alten Basar ein, der schon seit Jahrhunderten existiert, und besuchten einen alten Hafen, genossen aber
~~~~~~~

auch ein Eis in einem Vergnügungspark. Kirchen wurden vor Jahrhunderten aus Steinen gehauen, doch aus ihren Lautsprechern ertönten heute moderne Hymnen. Das Gestern und das Heute grüßten uns an jeder Ecke. Wir fragten uns, was das Morgen für die Region Galiläa bereithalten würde.

Jesus zog durch ganz Galiläa. Er lehrte in den Synagogen und verkündete die Gute Nachricht, dass Gott jetzt seine Herrschaft aufrichten und sein Werk vollenden wird. Er heilte alle Krankheiten und Leiden im Volk (Mt 4,23 GNB).

Es kamen aber andere Boote aus Tiberias nahe an den Ort, wo sie das Brot gegessen, nachdem der Herr gedankt hatte (Joh 6,23).

Glückselig die Armen im Geist, denn ihrer ist das Reich der Himmel.
Glückselig die Trauernden, denn sie werden getröstet werden.
Glückselig die Sanftmütigen, denn sie werden das Land erben.
Glückselig, die nach der Gerechtigkeit hungern und dürsten, denn sie werden gesättigt werden.
Glückselig die Barmherzigen, denn ihnen wird Barmherzigkeit widerfahren.
Glückselig, die reinen Herzens sind, denn sie werden Gott schauen.
Glückselig die Friedensstifter, denn sie werden Söhne Gottes heißen.
Glückselig die um Gerechtigkeit willen Verfolgten, denn ihrer ist das Reich der Himmel.
Glückselig seid ihr, wenn sie euch schmähen und verfolgen und alles Böse lügnerisch gegen euch reden werden um meinetwillen. Freut euch und jubelt, denn euer Lohn ist groß in den Himmeln; denn ebenso haben sie die Propheten verfolgt, die vor euch waren (Mt 5,3-12 NIV).

Du kannst niemals das Gebet des Glaubens beten, wenn du auf die Person schaust, die es braucht. Es gibt nur einen Ort, auf den du schauen kannst, und das ist Jesus.

Smith Wigglesworth

Niemand hat das Recht, das Evangelium zweimal zu hören, während es jemanden gibt, der es noch kein einziges Mal gehört hat.

Oswald J. Smith

Kapitel 8

Weil Gott es gesagt hat

See Genezareth und Totes Meer

> *Im letzten Viertel der Nacht kam Jesus auf dem Wasser zu ihnen. Als die Jünger ihn auf dem Wasser gehen sahen, erschraken sie und sagten: „Ein Gespenst!", und schrien vor Angst. Sofort sprach Jesus sie an: „Fasst Mut! Ich bin's, fürchtet euch nicht!"* (Mt 14,25-27).

Der heftige Wind, der von den Klippen kam, wirbelte das Wasser auf und erzeugte große Wellen. Das Boot ächzte, als das Wasser gegen den Rumpf prallte. Die Männer schafften es kaum, das Boot auf Kurs zu halten. Sie waren müde und erschöpft; es war eine lange Nacht gewesen. Die Jünger waren mehr als 5 km vom Land entfernt und hatten noch einen weiten Weg vor sich. Zuvor hatten sie Jesus am Ufer zurückgelassen, in der Annahme, dass er sie später treffen würde. Die Gruppe war auf dem Weg nach Norden in Richtung Kapernaum. Kurz vor Sonnenaufgang schauten die Männer ungläubig auf. Jesus lief auf dem Wasser auf sie zu! Vor Schreck dachten sie, er sei ein Geist. So etwas Unglaubliches hatten sie noch nie erlebt! Als Jesus an Bord des Bootes kam, blickten sie ihn ehrfürchtig an. Sie beteten ihn an und sagten: „Wahrlich, du bist der Sohn Gottes!"

Das Galiläische Meer

Der starke Fischgeruch erreichte unsere Nasen, lange bevor wir den Steg hinuntergingen, um das Boot zu erreichen. Entlang des Ufers konnten wir kleine Fische sehen, die über den Kieselsteinen durch das klare Wasser glitten. Zweifellos waren wir am See Genezareth. Der Wind, der von den Hügeln der Golanhöhen herabwehte, wurde von einer brütenden Sonne begleitet. Die Wellen waren überraschend unruhig, was es etwas schwierig machte, das Schiff zu besteigen. Was für ein herrlicher Tag, den wir geplant hatten. Auf dem Programm stand eine Tour zu diesem Süßwassersee, an dem Jesus vor rund 2.000 Jahren gewirkt hat. Zum Mittagessen waren wir in einem einfachen, kleinen Restaurant verabredet, das für seinen Rotbauchbuntbarsch bekannt ist. Das Tote Meer sollte dann der Abschluss eines sehr ereignisreichen Tages sein.

Der See Genezareth, auch See Tiberias oder Galiläisches Meer genannt, hat in dieser Gegend schon immer eine wichtige Rolle gespielt. Im Jahr 135 n. Chr., nach einem jüdischen Aufstand, verbannten die Römer alle Juden aus Jerusalem. Zu dieser Zeit verlagerte sich das Zentrum der jüdischen Kultur in die Region Galiläa. In diesem Gebiet mit seiner reichen kulturellen Vielfalt lebten viele Menschen. Damals war es das am dichtesten besiedelte Gebiet in ganz Israel. Inzwischen sind antike kanaanäische Bauten freigelegt worden, die auf eine Zeit zwischen 1000 und 2000 v. Chr. datiert werden. Der See wird im Norden durch den Jordan gespeist und mündet im Süden wiederum in den Jordan, der schließlich im Toten Meer endet. Entlang des Ufers wachsen Bananen, Datteln, Zitrusfrüchte und Oliven in der fruchtbaren Landschaft.

Den größten Teil seines öffentlichen Lebens verbrachte Jesus in dem Gebiet um den See Genezareth, und ein Großteil seines Dienstes fand in der Umgebung dieses Sees statt. In der Bibel lesen wir von den erstaunlichen Wundern, die Jesus vollbrachte – er speiste Tausende mit fünf Broten und zwei Fischen, ging auf dem Wasser und stillte einen Sturm.

Tommy sagte: „Jesus lebte und wirkte dort, wo es Leben gab, am See Genezareth und am Jordan – nicht am Toten Meer. Der See Genezareth wimmelt von Leben, das Tote Meer dagegen nicht. Es gibt immer Menschen, die Gott gehorchen werden. Rund um Galiläa wird es eine gewaltige Erweckung geben!“

Auf dem See Genezareth werden viele Touren angeboten. Eine Möglichkeit war ein großes Boot, das Dutzende von Passagieren aufnehmen konnte. Eine andere Möglichkeit war der Nachbau eines alten Fischerbootes. Dieses Boot basiert auf einem archäologischen Fund aus dem Jahr 1986. Es wurde im Schlamm entdeckt, wo es 2.000 Jahre lang geruht hatte. Eine Dürre hatte damals den See zurückweichen lassen und so dieses erstaunliche Artefakt freigelegt. Es ist gut 8 m lang und bot einmal 15 Fischern Platz. Die Kohlenstoffdatierung ergab, dass es aus dem ersten Jahrhundert nach Christus stammt. Dieses Relikt ist in einem Museum am Ufer von Galiläa ausgestellt und als Jesus-Boot bekannt.

Wir entschieden uns für einen der Nachbauten, der mit einem Motor ausgestattet war. Ungefähr in der Mitte des Sees stellte der Kapitän den Motor ab. Als wir uns treiben ließen und den Wellen lauschten, die gegen die hölzernen Wände schlugen, hatten wir ein überwältigendes, friedliches Gefühl. Wir sangen mehrere Lobpreislieder zur Ehre Gottes. Als wir über diesen uralten See blickten, spürten wir die Gegenwart des Herrn ganz deutlich. Zu wissen, dass dies das Gewässer war, auf dem Jesus wandelte, erfüllte uns mit Ehrfurcht.

Wir ließen den Motor wieder an und fuhren zu einer anderen Stelle des Sees. Als unser Boot über das Wasser glitt, spritzte uns die kühle Gischt ins Gesicht. Tommy sagte, er könne sich vorstellen, wie Jesus über das Wasser ging, als er seinen Jüngern in ihrem Boot entgegenkam: „Wie ängstlich sie gewesen sein müssen! Aber denk mal darüber nach, wie ihr Glaube gewachsen ist.“ Glaube ist mehr als eine Meinung, mehr als Vertrauen, mehr als Zuversicht. Auch heute gibt es Ereignisse, die unseren Glauben stärken. Wenn wir darum beten, dass Gott jemanden heilt und er es tut, wächst unser Glaube. Vor allem, wenn es direkt vor unseren Augen geschieht, hier und jetzt. Wenn wir mit den Sorgen dieser Welt belastet sind und Gott uns zu Hilfe kommt, wächst unser Glaube. Wir müssen jedoch keine Wunder sehen, um unseren Glauben zu stärken, auch wenn es immer wieder erstaunlich ist, Zeuge davon zu werden. Allein das Lesen der Bibel wird deinen Glauben stärken.

> *Darum sage ich euch: Alles, um was ihr auch betet und bittet, glaubt, dass ihr es empfangen habt, und es wird euch werden* (Mk 11,24).

Unser Bootsführer hielt wieder an und gab uns eine Vorführung. Er nahm Netze, die wie in der Antike hergestellt worden waren, und warf sie ins Meer, um uns zu zeigen, wie zu biblischen Zeiten gefischt wurde. Die Netze von damals waren aus Leinen gefertigt; sie waren für die Fische weniger sichtbar, sodass man auch nachts fischen konnte. Auch heute noch wimmelt es im See von Fischen, obwohl es Touristen nicht erlaubt ist, sie zu fangen. Als besonderes Vergnügen erhielt Tommy jedoch von unserem Kapitän die Erlaubnis, mit einer Angel im Meer zu fischen, unter der Bedingung, dass er seinen Fang wieder zurückwarf.

Von den 27 Fischarten im See Genezareth ist die bekannteste der Tilapia, der den Spitznamen Petrusfisch trägt. Der Name bezieht sich auf die Bibelstelle, in der die Steuereintreiber im Tempel Petrus fragen, ob Jesus die Tempelsteuer bezahle. Jesus weist Petrus an, angeln zu gehen. Der Fisch, den Petrus fing, enthielt die Münze für die Steuern.

> *Damit wir ihnen aber keinen Anstoß geben, geh an den See, wirf eine Angel aus und nimm den ersten Fisch, der heraufkommt, öffne sein Maul, und du wirst einen Stater finden; den nimm und gib ihnen für mich und dich*! (Mt 17,27 NIV).

Als Jesus seine Jünger auswählte, begegnete er zwei Brüdern, die im See Genezareth fischten. Jesus forderte Simon und Andreas auf, ihm zu folgen, und er würde sie zu Menschenfischern machen. *„Jesus sagte zu ihnen: ‚Kommt, folgt mir! Ich mache euch zu Menschenfischern'"* (Mt 4,19; Mk 1,17 GNB). Diesem Auftrag müssen wir auch heute folgen. Wir müssen so viele Menschen wie möglich in das Reich Gottes bringen. Die Zeit ist von entscheidender Bedeutung. Wie schon erwähnt, gab Gott Tommy am Jordan eine Vision, dass dort eine große Erweckung beginnen wird. Wir müssen uns an diese Vision erinnern, wenn wir nach Menschen fischen, die wir zum Herrn bringen wollen!

Als Tommy zu den Hügeln blickte, konnte er sehen, wie die von Dämonen verseuchten Schweine von der Klippe stürzten und die Dämonen vernichteten: „Wir alle haben Macht über Dämonen. Sie müssen tun, was wir ihnen sagen. Dämonen sind nicht so mächtig, es sei denn, du lässt sie gewähren. Ich mache mir darüber keine Gedanken“, sagte er uns.

Unsere Bootsfahrt ging viel zu schnell vorbei, aber wir hatten Hunger. Wir verabschiedeten uns vorübergehend vom See Genezareth, da wir wussten, dass wir ihn im Laufe unserer Reise noch viele Male sehen würden. Das kleine Restaurant mit vier Tischen machte seinem Ruf alle Ehre. Der mit Gewürzen überzogene Rotbauchbuntbarsch wurde über offenem Feuer gegart. Abgerundet wurde unser Essen durch großzügige Portionen Hummus aus Kichererbsen. Es gab auch reichlich Falafel; diese leckeren frittierten Kichererbsenbällchen sind das israelische Nationalgericht und man findet sie praktisch an jeder Straßenecke. Zum Nachtisch gab es Ma'aroud, ein Gebäck, das mit Datteln gefüllt ist. Bald war es Zeit, aufzubrechen. Nächster Halt: das Tote Meer.

Totes Meer

Zum Glück hatten wir nach diesem großartigen Essen ein paar Stunden Zeit, um uns im Auto zu entspannen, während wir nach Süden fuhren. Etwa 150 km später kam das berühmte Gewässer in Sicht. Das Salzmeer ist der tiefste Punkt der Erde. Es wird das Tote Meer genannt, weil in seinem salzigen Wasser kein Fisch überleben kann. Die atemberaubende Landschaft der Negev-Wüste und des Judäischen Gebirges umgibt dieses wunderschöne, blaue Becken. Der einzige große Zufluss des Toten Meeres ist der Jordan; es gibt keinen Abfluss.

Entlang des Toten Meeres verlief in der Antike eine wichtige Handelsroute. Herodes der Große baute am Westufer mehrere Paläste. Der berühmteste von ihnen, Masada, ist eine weitere große Attraktion in der Gegend. Diese antike Festung war im Jahr 70 n. Chr. ein Zufluchtsort für eine kleine Gruppe von Zeloten, die vor der Verfolgung durch die Römer flohen. Heute kannst du den steilen Hang hinaufklettern oder eine Seilbahn nach Masada nehmen. Einige

Archäologen glauben, dass die Städte Sodom und Gomorra unter dem Toten Meer oder in der Nähe liegen.

In den 1940er- und 1950er-Jahren wurden in 12 Höhlen in der Nähe der Siedlung Qumran Hunderte von religiösen Dokumenten gefunden. Diese Schriftrollen vom Toten Meer, die zuerst von Beduinen und später von Archäologen gefunden wurden, sind von großer historischer und religiöser Bedeutung, weil sie die zweitältesten Manuskripte der hebräischen Bibel enthalten.

Als Tommy über das Tote Meer blickte, hatte er viele Visionen vom Herrn. Mit großer Sorge begann er, diese Visionen zu teilen.

Tommy erzählt

Viele Leute können diese Vision vielleicht nicht verstehen. Das Gebiet um das Tote Meer war ein Schock für mich. Ich sah den Berg Pisgah und konnte verstehen, wie Moses auf das Gelobte Land blickte. Vom Berg Pisgah gehen drei Quellen aus. Zwei Dinge, die mit der geistlichen Welt in Verbindung gebracht werden, sind Feuer und Wasser, aber die meisten Menschen wollen das Feuer nicht. Das Tote Meer sieht genauso schön aus wie der See Genezareth, aber es ist tot. Es gibt viel Leben, das vom Jordan ins Tote Meer fließt, aber keines geht hinaus.

So geht es den meisten Kirchen heute. Die etablierten Kirchen sind praktisch tot; nur einige Teile dieser Kirchen sind lebendig. Ich meine nicht den Überrest, der Gott folgt. Die Kirche im Allgemeinen ist verloren. Einiges von dem, was heute gelehrt wird, ist tot, ist nicht richtig. Die Azusa-Heiligen sprachen über der Schechina-Herrlichkeit. Ich will das Übernatürliche wie sie. Zeichen und Wunder. Das ist es, was in Azusa geschah. Ich will alles, was Gott hat; ich will die Herrlichkeit der Schechina. Was ich am Toten Meer sah, gefiel mir nicht besonders und ich war ein bisschen nervös. Ich wollte nicht hinunter ins Wasser gehen. Ich versuchte immer wieder, wegzuschauen, aber Gott zwang mich, das Meer anzuschauen. Ich sah Unzucht, Nacktheit und Sünde; es war die Kirche. Die Kirchen sind überwiegend vom Glauben abgefallen; frage Gott, um welche es sich handelt. Sehr viele sind zu stolz auf ihre Konfessionen oder

Denominationen. Ich habe den Stolz vieler Kirchen am Toten Meer gesehen. Aber Gott gibt uns noch eine Chance. Ich will die Kirche nicht niederreißen, sondern aufbauen. Ich liebe die Wahrheit. Mach keine Kompromisse, aber achte darauf, wie du die Dinge sagst. Es wird eine große Abkehr vom Wort Gottes geben. Jesus sagte: „So setzt ihr das Wort Gottes außer Kraft und ersetzt es durch eure Überlieferungen."[1] Das ist es, was die Kirche heute tut.

Unser Land braucht eine gründliche Reinigung. Die Vereinigten Staaten stecken in Schwierigkeiten; wir müssen weiter beten und Gott suchen. Wir brauchen eine große Erweckung. Andere Länder haben sie erlebt; Azusa war eine Erweckung. Wir brauchen jetzt eine! Wir haben das Wort Gottes so sehr verwässert, dass es nichts mehr wert ist. Wenn sie mit dem Wort Gottes kollidieren, kannst du alle Philosophien nehmen und sie wegwerfen; ich halte mich an das Wort Gottes.

Was immer Gott tun will, ist für mich in Ordnung. Gott hat mir auch gezeigt, dass eine Erweckung kommen wird. Sie findet überall auf der Welt statt, auch in ganz Israel. Alles hat einen Sinn und eine Bedeutung, auch das Tote Meer. Gott wird die Gemeinde aufwecken! Ich glaube aber, dass wir den Erfolg, den andere hatten, nicht ohne entsprechende Opfer erreichen können. Alle Militärbunker in dieser Gegend wurden nicht abgerissen. Diese werden zum Campen genutzt, wenn die Erweckung beginnt!

~~~~~~~

Nach einem sehr anstrengenden, aber spannenden Tag machten wir uns am Abend auf den Weg zurück ins Hotel. Damit die Zeit auf der Fahrt schneller verging, erzählte Tommy uns viele Geschichten, die ihm von den Heiligen in der Azusa Street offenbart worden waren.

---

[1] vgl. Mk 7,13 (GNB).
~~~~~~~

Tommy erzählt von Azusa

Schwester Langtroff

Schwester Laura Langtroff wurde im Alter von 16 Jahren Teil der Azusa-Erweckung, als ihre Freundin, Schwester Lucille, sie einlud, an einem Treffen teilzunehmen. Sie zog 1955 nach Pisgah, und ich lernte sie kennen, als sie in ihren 70ern war. Sie war etwa 1,70 m groß und hatte langes, dunkles Haar, das sie zu einem Dutt hochgesteckt hatte. Schwester Laura stammte aus einer sehr wohlhabenden Familie und war vermögend. Trotzdem zog sie es vor, mit ihren Freunden aus Azusa in Pisgah zu leben.

Schwester Laura erzählte mir, dass sie jeden Abend zu den Treffen ging und jeden Abend an mindestens drei oder vier Wundern beteiligt war. Ein sehr denkwürdiges Wunder betraf einen kleinen, etwa zehn Jahre alten Jungen, der von Dämonen besessen war. Seine Familie hielt ihn an einen Rollstuhl gefesselt, weil er sehr gewalttätig und schwer zu bändigen war. Das arme Kind zischte und hatte Schaum vor dem Mund; es war erbärmlich. Schwester Laura war aufgeregt. „Das wird ein Spaß!", sagte sie. Sie fing an, mit dem Dämon zu reden, bis jemand sie schließlich zurechtwies. „Laura, du musst tun, was du tun sollst. Hör auf zu spielen!" Schnell packte sie den Jungen am Kopf und übernahm die Autorität, indem sie dem Dämon befahl, herauszukommen! Der Dämon sagte, er werde herauskommen, und das tat er auch.

Leider ging es dem Jungen aber nicht besser. Laura erkannte, dass er von mehreren Dämonen besessen war. Sie verbrachte die nächste Stunde damit, einen Dämon nach dem anderen auszutreiben, bis nichts mehr aus dem Mund des Jungen kam. Sie fragte den Jungen nach seinem Namen und ob er frei von Dämonen sei. Er nannte ihr seinen Namen und sagte, dass er frei sei. Schwester Laura erklärte dem Jungen, sein Haus sei zwar sauber, die Dämonen würden aber mit siebenmal mehr von ihnen oder noch schlimmer zurückkommen.[2] Deshalb legte sie ihm die Hände auf, betete und

---

[2] Gemeint ist, dass die Dämonen zurückkehren, wenn das „leere Haus" nicht mit dem richtigen Geist gefüllt wird. – Anm. d. Übers.

forderte ihn auf, die Taufe mit dem Heiligen Geist zu empfangen. Er begann in Zungen zu sprechen. Gott sei gepriesen!

Eines der erstaunlichsten Wunder, das Schwester Laura miterleben durfte, betraf eine Frau, die mit einem langen Stab zu einem der Treffen kam. Sie sah aus wie ein Skelett und konnte kaum noch atmen; sie hatte Lungenkrebs und hatte nicht mehr lange zu leben. Sie wohnte etwa 3 km von der Azusa-Mission entfernt und machte sich um drei Uhr nachmittags auf den Weg dorthin, kam aber erst um sechs Uhr abends an. Sie machte buchstäblich einen kleinen Schritt nach dem anderen, indem sie den Stab vor sich hinstellte und dann ihre Füße nachzog. Diesen langsamen Prozess wiederholte sie drei Stunden lang, bis sie zur Mission kam. Zu dieser Zeit fand gerade kein Gottesdienst statt, aber es war immer jemand da. Und Gott war immer am Wirken.

Sie betrat das Lagerhaus, sah sich um und ihr Blick fiel auf Schwester Laura. „Das ist die Frau, von der ich möchte, dass sie für mich betet", sagte sie. Nachdem Schwester Laura sie gefragt hatte, was sie für sie tun könne, antwortete sie: „Ich werde die Nacht nicht überleben, wenn Gott mich nicht heilt; ich werde sterben. Die Ärzte sagen, dass meine Lunge von Krebs zerfressen ist, und ich kann kaum noch atmen. Ich habe seit etwa einem Jahr an Gewicht verloren." Die schwache Frau war etwa 1,65 m groß und wog 30 kg. Sie war nur noch Haut und Knochen. Schwester Laura legte ihr die Hände auf und betete für sie. Sofort fing sie an, normal zu atmen! In den nächsten drei Stunden nahm sie 20 kg an Gewicht zu, während sie sich in der Schechina-Herrlichkeit aalte. Sie aß aber nichts. Sie rief: „Meine Lungen tun nicht mehr weh; ich kann wieder atmen wie in meiner Jugend!"

Das war ein Fest! Schwester Laura war gerne öfter mal laut. Als sie vor lauter Begeisterung Gott pries, löste sich ihr Dutt und ihre Haarnadeln flogen davon. Aber die Geschichte wird noch besser.

Am nächsten Tag besuchte die Frau ihren Arzt, Thomas Wyatt. Er erkannte sie überhaupt nicht wieder. Als sie ihm sagte, wer sie war, traute er seinen Augen nicht. Er führte einige Tests durch und erklärte sie für krebsfrei. Er sagte ihr, es sei unmöglich, dass sie in so kurzer Zeit so viel Gewicht habe zulegen können. Sie sagte, ja, für sie sei es unmöglich, aber Gott könne das ganz bestimmt. „Sie gehen in dieses Lagerhaus, nicht wahr?", fragte er. Er hatte alle seine Patienten an die Azusa Street verloren! Und er war kurz davor, seine Praxis zu schließen.

Nachdem sie es ihm bestätigt hatte, begann er, mit ihr die Treffen in der Azusa Street zu besuchen. Innerhalb weniger Monate gab er seine traditionelle Arztpraxis auf. Dr. Wyatt gründete „Wings of Healing" („Flügel der Heilung") und erlebte durch seinen Dienst viele Wunder.

Und jetzt halte dich fest! Die Geschichte wird noch besser! Im Jahr 2007, nach der Veröffentlichung meines ersten Buches, erhielt ich einen Anruf von einer Frau. Sie erzählte mir, die Frau, die mit dem Stab nach Azusa gegangen war, sei ihre Großmutter gewesen. Ich war verblüfft! Sie fuhr fort: „Wir haben meine Großmutter immer gebeten, sich zu unseren Abendessen zu setzen und uns von ihrem Wunder in der Azusa Street zu erzählen. Einige Leute behaupten, Dr. Wyatt sei nicht wirklich in Azusa gewesen. Die Leute versuchen, die Geschichte zu diskreditieren. Lass dich nicht veräppeln, Tommy. Glaube ihnen nicht." Sie weinte und sagte: „Mein Ehename ist Wyatt, ich habe den Enkel von Dr. Thomas Wyatt geheiratet. Thomas Wyatt war der Arzt meiner Großmutter." Was sagt man dazu! Der Kreis schloss sich. Was für ein Ende für diese Geschichte!

Bruder und Schwester Lankford

Als ich in Pisgah war, hatte ich das Privileg, Bruder und Schwester Lankford kennenzulernen. Ich genoss ein Erdbeereis mit ihnen, während sie mir von den erstaunlichen Wundern erzählten, die in der Mission geschehen waren. Die Lankfords waren immer begeistert darüber, dass Gott sie benutzte, um Heilungen und Wunder zu bewirken. In Azusa waren sie 20 und 18 Jahre alt. Bruder Lankford erzählte mir von einem Mann, dessen Finger sich bei der Arbeit in einer Maschine verfangen hatten. Sie riss ihm zwei Finger ab! Der Mann hatte gehört, dass sich in einem Lagerhaus in der Azusa Street unglaubliche Wunder ereignet hatten. Mit Schmerzen und in der Erwartung, geheilt zu werden, kam er zur Mission.

Als er eintrat, begegnete er Bruder und Schwester Lankford. Auf die Frage, was sein Gebetsanliegen sei, erklärte der Mann was passiert war. „Dann lass uns Gott bitten, dass sie herauswachsen", sagte Bruder Lankford. Er ergriff die Hand des Mannes und hielt sie hoch in die Luft; Schwester Lankford half, indem sie den Arm des Mannes hochhielt. Als Bruder Lankford anfing zu beten, begannen die Finger des Mannes zu wachsen! Sogar seine Fingernägel wuchsen nach. Schwester Lankford wurde beim Anblick eines solchen Wunders ohnmächtig. Er und der Mann begannen zu jubeln und zeigten allen, was passiert war. „Die waren vorher noch nicht da. Seht mal, Gott hat diese Finger wachsen lassen!"

Bruder Lankford erzählte dann von einem Mann mit einem schrecklichen Tumor an der Wirbelsäule. Die Umrisse des Tumors waren unter dem Hemd des Mannes zu sehen. Er stand acht Zentimeter hervor und war etwa 30 cm lang und 10 cm breit. Der Mann war mittleren Alters und hatte die Krankheit seit etwa drei Jahren. Am nächsten Tag sollte er geröntgt werden, um festzustellen, um was für einen Tumor es sich handelte. Bruder Lankford betete für seine Heilung; der Tumor versank im Körper des Mannes und verschwand. Der Mann war vollkommen geheilt!

~~~~~~~

Die Stärke der Urgemeinde war, dass sie Gott an die erste Stelle setzte. Heute stellen viele Gemeindemitglieder sich selbst an die erste Stelle. Die Gemeinde übt wenig Einfluss auf die Welt aus. In vielerlei Hinsicht ist sie vom Glauben abgefallen und kraftlos. Die Gemeinde muss zu dem Glauben zurückkehren, der einst den Heiligen gegeben wurde. Erweckung – wenn Gott die Menschheit mit übernatürlichen Lösungen heimsucht – ist die Methode, mit der seine Gemeinde verändert wird! Wenn wir uns Gott ausliefern, wird Gott an uns arbeiten und alle Spreu wegbrennen. Der Strom der Barmherzigkeit, des Gehorsams und der Freude wird wieder durch uns fließen. Wenn der Heilige Geist uns berührt, werden wir voller Freude eine neue Seite aufschlagen und ein wunderbares neues Kapitel beginnen.
~~~~~~~

Wer an mich glaubt, wie die Schrift gesagt hat, aus seinem Leibe werden Ströme lebendigen Wassers fließen (Joh 7,38).

... und die Grenze soll an den Jordan hinabgehen, und ihr Ausläufer sei am Salzmeer. Das soll euer Land sein mit seinen Grenzen ringsum (4 Mose 34,12).

Als Jesus am See von Galiläa entlangging, sah er zwei Brüder: Simon – bekannt unter dem Namen Petrus – und Andreas. Sie warfen gerade ihr Netz aus, denn sie waren Fischer (Mt 4,18 GNB).

Wir haben erst dann genug Buße getan und Fürbitte geleistet, wenn der Schmerz und das Leid, die Last unserer Familien, unserer Volksstämme und unserer Nationen, zu unseren eigenen geworden sind.

Bischof Armstrong Cheggeh

Würden wir in der Gebetskammer so viel weinen, wie es fromme Juden an der Klagemauer in Jerusalem getan haben, würden wir uns jetzt einer andauernden, reinigenden Erweckung erfreuen!

Leonard Ravenhill

Kapitel 9

Herrlichkeit

Westmauer

Und der HERR sprach zu ihm: Ich habe dein Gebet und dein Flehen gehört, das du vor mir gefleht hast. Ich habe dieses Haus, das du gebaut hast, geheiligt, um meinen Namen dort niederzulegen für ewig; und meine Augen und mein Herz sollen allezeit dort gegenwärtig sein (1 Kön 9,3).

Der alte Mann wischte sich die Tränen aus dem Gesicht. Bis zu diesem Tag war es ein langer und harter Weg gewesen. Folter, Hunger, Massenerschießungen, Gaskammern, Krankheiten, Todesmärsche. Das Grauen war unbeschreiblich. Er hatte Jahre in Auschwitz verbracht, Tausende sterben sehen und sich gefragt, warum er noch am Leben war. Seine ganze Familie hatte er durch das Übel der Shoah verloren. Diese Vernichtung von Gottes auserwähltem Volk hatte endlich ein Ende.

Eli verließ das vom Krieg zerrissene Europa und fühlte sich privilegiert, 1948 nach Zion auszuwandern. Er war stolz darauf, einer der ersten Siedler zu sein, und freute sich, als Israel wieder zu einer Nation wurde. Gott hatte es vor langer Zeit so angeordnet und hatte sein Wort gehalten. Das Leben war hart, aber Eli bewirtschaftete das kleine Stück Land, das ihm von der Regierung zugewiesen worden war. Er hatte ein gutes Auskommen. Aber in den vergangenen 19 Jahren war es Eli verboten gewesen, sich im Ostteil Jerusalems aufzuhalten. Doch nun war endlich der Tag gekommen, an dem sich das ändern sollte. Israel hatte sich durchgesetzt.[1] Der alte Mann fiel auf die Knie, beugte sein Haupt vor dem Allmächtigen und berührte die Klagemauer.

~~~~~~

Um uns herum wimmelte es von Menschen, während wir unsere kühle Limonade schlürften. Einheimische und ein Strom von Touristen aus aller Welt machten sich auf den Weg zur mächtigen Klagemauer. Die Sicherheitsvorkehrungen waren streng; Soldaten patrouillierten auf dem Gelände. Der Schall der lauten Gebete schwebte durch die Luft. Die drückende Hitze drang in die alten Steine ein und strahlte auf die Menschenmenge ab. Musik und Gesang waren in verschiedenen Ecken des Platzes zu hören. Zu den meisten Tageszeiten ist die Mauer von Menschen gesäumt, die in ihre Gebete vertieft sind. Es hörte sich an wie ein Chor aus hebräischen Stimmen.

Die Klagemauer ist eine Pilger- und Gebetsstätte für das jüdische Volk. Sie war ursprünglich die westliche Stützmauer des Tempelbergs. Die Mauer ist heilig, weil sie aufgrund der Nähe zum Allerheiligsten als heiliger Boden gilt. König Herodes baute die Mauer als Erweiterung des Zweiten Tempels. Der erste Tempel, der von König Salomo erbaut worden war, wurde 587 v. Chr. von den Babyloniern zerstört, der zweite Tempel wurde 70 n. Chr. von den Römern zerstört. Überlieferungen, archäologische Forschungen und die Geschichte haben die Echtheit der Klagemauer bestätigt. Diese berühmte Mauer ist etwa 48 m lang und 18 m hoch. Viele Juden beten immer noch zum Tempelberg hin.

Für Jerusalem zu beten ist eine Möglichkeit, Israel zu segnen. Die Bibel verheißt: Wenn wir Israel segnen, werden auch wir gesegnet. Die Klagemauer ist der Ort, an dem wir spüren, wie sehr unser christlicher Glaube mit dem jüdischen Glauben verflochten ist. Dort zu beten, ist, als würde man an der Hoffnung des jüdischen Volkes Anteil nehmen. Du kannst die Steine anfassen, die durch die Hände

[1] Gemeint ist der Sechstagekrieg 1967. Anm. d. Übers.
~~~~~~

so vieler, die sich voller Sehnsucht im Gebet nach Gott ausgestreckt haben, schon ganz glatt geworden sind.

Nachdem wir ausgetrunken hatten, machten wir uns selbst auf den Weg zum Gebetsplatz vor der Klagemauer. Dieser Platz ist eigentlich eine Freiluftsynagoge, die bis zu 60.000 Menschen fasst. Die Rabbiner glauben, dass Gottes Gegenwart nie von der Klagemauer weicht. Tausende Menschen besuchen die Mauer jedes Jahr, um dort zu beten. Es gibt den Brauch, Zettel mit Gebeten in die Ritzen der Mauer zu schieben. Aus vielen Ritzen wächst Ysop, der einen herrlichen Minzgeruch verströmt. In der Bibel wurde Ysop bei Reinigungsritualen verwendet und war ein Symbol für die Reinigung der Seele.

Als wir uns auf dem Platz unterhielten und beteten, kam eine ältere Dame auf uns zu. Sie sprach nur Arabisch, kein Englisch. Sie trug einen geblümten Rock und einen Seidenschal, der ihren Kopf bedeckte, während ein großes Kreuz an ihrem Hals baumelte. Die Frau machte pantomimisch deutlich, dass sie für Tommy beten wollte, der in einem Rollstuhl saß. Wir nickten zustimmend zu ihrer Bitte. In dieser fremden Sprache wurden wunderschöne Worte zu Gott gesprochen, in denen sie den Allmächtigen zweifellos um Gesundheit und Glück für Tommy bat. „Obwohl ich keine Ahnung hatte, was sie sagte, erinnerte sie mich an Anna aus der Bibel. Das war alles von Gott", sagte Tommy. Anna war eine Prophetin, die den Tempel nie verließ, sondern Tag und Nacht anbetete, fastete und betete (vgl. Lk 2,36-38).

Dieser berührende Moment bestätigte uns, dass sich Christen auf der ganzen Welt trotz aller Unterschiede in vielen Dingen einig sein können – was Erweckung, die Liebe zu anderen und die lang erwarteten Rückkehr unseres Erlösers angeht! Die Mauer ist in zwei Bereiche unterteilt, einen für Männer und einen für Frauen. Tommy, Daniel und Clif gingen in eine Richtung, ich in die andere. Da ich schon mehrere Male an der Mauer gewesen war, blieb ich in einem Bereich, von dem aus ich Tommys ersten Besuch beobachten konnte. Was für eine Ehre, diesem bedeutenden Ereignis beizuwohnen; ich dankte Gott für diese Gelegenheit. Ehrfurcht zierte Tommys Gesicht, als er inständig für das Volk Israel betete.

Tommy erzählt

Als ich die gepflasterte Treppe hinunterging, konnte ich sehen, dass viele Menschen dort Christen waren. Ich glaube, die meisten Israelis wissen, dass Christen sie unterstützen. Wir beten für Israel und unterstützen es. Während ich betete, landete ein winziger Spatz auf einem Zweig in der Nähe und fing an, direkt zu mir zu singen. Da wurde mir richtig warm ums Herz. Es schien, als würde er Frieden, Frieden, Frieden singen. Eine der Visionen, die ich an diesem Tag hatte, beinhaltete viele Soldaten, schweres Geschütz und einige Schlachten an der Westmauer. Israel wird jedes Mal gewinnen. Ich bin mir nicht sicher, was es bedeutet, aber sie waren da.

Israel wird immer Probleme haben, bis Jesus die Macht übernimmt. Außerdem sah ich einen Engel über jeder einzelnen Person, die dort betete. Ein jüdischer Mann saß dort und las die Thora auf seinem Schoß. Ein Engel war direkt hinter ihm. Der Mann sah auf und lächelte mich an; er wird in diesen Visionen irgendwie eine Rolle spielen. Die Leute fragen mich, warum Gott mich solche Dinge sehen lässt, und ich sage: „Ich weiß es nicht, frag Gott. Ich frage mich das auch."

Nachdem Tommy sein Gebet beendet hatte und sich von der Mauer entfernt hatte, kamen mir die Männer auf dem Platz entgegen. Tommy hatte ein entzückendes Lächeln im Gesicht. Er erzählte uns von dem fröhlichen Vogel und sagte, er erinnere ihn an Bruder Anderson, einen der Azusa-Street-Heiligen, der immer so voller Freude war.

Tommy erzählt von Azusa

Bruder Anderson

Bruder Anderson war erst 15 Jahre alt, als die Erweckung in der Azusa Street begann. Er war einer der ersten in der Mission, der die Taufe im Heiligen Geist empfing und in Zungen sprach. Die anderen im alten Lagerhaus nannten ihn einen modernen Zachäus, weil er gerne auf die Bänke kletterte, um einen besseren Blick auf die Wunder zu haben. Zachäus war auf einen Maulbeerfeigenbaum geklettert, um einen besseren Blick auf Jesus zu haben.

Ich lernte Bruder Anderson in Pisgah kennen. Er hatte graues, zurückgekämmtes Haar und eine beginnende Glatze. Sein Teint war rötlich und seine Augen funkelten. Er schien glücklich und lebensfroh zu sein und ging immer mit einem federnden Schritt. In all den Jahren, in denen ich ihn kannte, habe ich ihn nicht ein einziges Mal die Stirn runzeln sehen. Wenn Bruder Anderson Geschichten über die Azusa Street erzählte, saß er auf der Kante seines Schaukelstuhls. Seine Begeisterung war ansteckend! Die Jahrzehnte haben seine Freude über die Ereignisse in der Azusa Street nie getrübt. Er lebte sparsam; was er besaß, konnte man mit Gold nicht kaufen – unbezahlbare Erinnerungen und wunderbare Erfahrungen.

Die Schechina-Herrlichkeit war für den jungen Anderson, wie auch für alle anderen Heiligen, eine endlose Quelle des Staunens. Er sagte, man könne sie zwar beschreiben, aber nicht verstehen. Im Inneren des Gebäudes herrschte ein Leuchten. Der Nebel wurde oft so dicht, dass er das ganze Gebäude ausfüllte. Wenn Gott dann begann, Wunder zu wirken, leuchtete der Nebel noch heller. Anderson sagte, es sei gewesen, als sei ein Teil des Himmels herabgekommen.

Nachdem er etwa zehn Mal an Gottesdiensten in der Mission teilgenommen hatte, begann Gott, Bruder Anderson bei der Heilung von Menschen zu benutzen. Er war bei vielen Heilungen von blinden und gehörlosen Menschen dabei. Eine seiner Lieblingsgeschichten handelte von einer Frau namens Diane, die etwa 800 m von der Azusa Street 312 entfernt wohnte. Sie war die erste, aber keineswegs letzte Person, die die Feuerwehr rief, weil sie glaubte, die Mission stünde in Flammen. Sie sah, wie Feuer 15 m über das Dach des Gebäudes nach oben schoss und ein Feuerball etwa 30 m darüber Flammen nach unten schoss, die auf die Flammen aus dem Gebäude trafen. Die Feuerwehr rückte in dieser Nacht und in ein paar anderen Nächten aus.

Schließlich erkannten sie, dass es sich um ein übernatürliches Feuer handelte, das von Gott geschickt wurde, und dass das Gebäude nie brannte. Wenn andere von dem Feuer berichteten, erklärten sie, es sei Gott und sie sollten sich keine Sorgen machen. Bruder Anderson sagte, dies mitzuerleben sei eine erstaunliche Sache gewesen;

er konnte dadurch die Geschichte von Mose und dem brennenden Busch besser verstehen. Je mehr Menschen in Zungen anbeteten, desto größer wurden die Flammen.

Diane war in den frühen 1900er-Jahren eine junge Frau. Ich habe sie in Pisgah kennengelernt, als sie schon lange im Rentenalter war. Es war wunderbar, die Geschichte aus beiden Blickwinkeln zu hören – aus der Sicht des Mannes, der betete, und der Frau, die geheilt wurde.

Damals hatte Diane einen großen Tumor an der Seite ihres Kopfes, der so groß war wie ein halber Basketball. Wenn sie ging, musste sie ihn mit der Hand stützen, weil er so schwer und unhandlich war. Damals war er inoperabel. Heutzutage hätten die Chirurgen ihn entfernen können. Die Geschwulst hatte sich zu einem bösartigen Tumor entwickelt; Diane hatte nur noch eine kurze Zeit zu leben.

Eines Abends, als sie mit ihren Kräften am Ende war, beschloss sie, zur Mission zu gehen. Sie hatte gehört, dass sich dort Wunder ereigneten. Es war ihre letzte Hoffnung. „Ich dachte mir: Was habe ich zu verlieren? Ich sterbe, und wenn ich dorthin gehe und sterbe, was soll's? Die Ärzte können nichts tun. Der Tumor ist zu groß, um ihn herauszuschneiden. Ich nahm eine Schmerztablette und machte mich bereit. Obwohl der Tumor extrem schmerzhaft war, watschelte ich mit meinen Kindern zur Azusa Mission und hielt dabei die Geschwulst in der Hand", sagt Diane.

Als sie die Mission betrat, entdeckte Bruder Anderson sie. Er sprang von der Bank, auf der er stand, herunter und sagte Diane, Gott werde ein Wunder für sie tun. Sie verdrehte die Augen und sagte, genau deswegen sei sie nach Azusa gekommen. Bruder Anderson und andere legten ihr die Hände auf und begannen zu beten. Sofort begann der Tumor zu schrumpfen und verschwand dann innerhalb von zwei Minuten! Völlig schockiert rief Diane: „Ich bin geheilt!"

Dieses Wunder rettete ihr das Leben. 1914 beauftragte Gott sie, einen Dienst zu beginnen – eine Suppenküche für Bedürftige. „Ich schaute in mein Portemonnaie und sagte Gott, dass ich nur einen Vierteldollar hatte. Er sagte, das würde reichen. Also nahm ich die 25 Cent und ging auf den Bauernmarkt, um so viel Gemüse zu kaufen, wie ich konnte. Dann habe ich Suppe gekocht", sagt Diane. Aus den bescheidenen Anfängen in einer heruntergekommenen Gegend entwickelte sich ein riesiges Speisungsprogramm, das täglich Tausende von Mahlzeiten ausgab. Als ich Diane in den 1960er Jahren kennenlernte, verteilte sie immer noch Essen an die Bedürftigen. Sie wurde mehrmals vom Gouverneur von Kalifornien und anderen Amtsträgern geehrt.

Bruder Anderson war fasziniert von William Seymour. Er saß immer so nah wie möglich bei ihm, wenn Seymour mit der Kiste über seinem Kopf dasaß. Er fragte sich, ob er darunter betete, aber er konnte es nie mit Sicherheit sehen. Bruder Anderson sagte, Seymour sei ein Mann mit starkem Glauben und enormer Weisheit gewesen. Jedes Mal, wenn Seymour etwas sagte, geschah es auch. Durch ihn wurde er Zeuge von unzähligen Wundern. Mehrmals zeigte Bruder Seymour auf etwa ein Dutzend Menschen, die an rheumatoider Arthritis oder einem anderen Leiden litten, und sagte ihnen, sie würden innerhalb weniger Minuten geheilt sein. Das trat jedes Mal ein!

Eine der Heilungen, die Bruder Anderson erlebte, war die eines Mannes, der mit einem entstellten Gesicht mit kleinen Wucherungen hereinkam. Das ließ ihn extrem hässlich aussehen. Seymour betete für den Mann, und sofort fielen die Wucherungen ab und sein Gesicht wurde wieder normal. Freiwillige der Mission räumten die hässlichen Wucherungen auf, die auf den Boden gefallen waren.

Bruder Anderson bestätigte, was mir einige der anderen Heiligen erzählten. Die erstaunlichen Gaben Gottes, wie z. B. die Kraft zu heilen, blieben bei Bruder Seymour, solange er die Kiste während des Gottesdienstes über seinem Kopf hatte. Als er nach ein paar Jahren aufhörte, die Kiste über den Kopf zu setzen, verschwanden die Gaben.

~~~~~~~

Es war ein weiterer unglaublicher Tag in Jerusalem gewesen. Überall, wo wir hinkamen, schien es, als stünden wir auf heiligem Boden. Es war ein Privileg, an dieser alten Mauer anzubeten. Als der Abend nahte, erfüllte die Musik der Stadt unsere Ohren. Wir sind gesegnet, dass wir Loblieder singen und den Schöpfer des Universums anbeten können. Das Schicksal der Völker wird durch Anbetung beeinflusst. Unser Leben sollte von ständiger Anbetung geprägt sein und wir sollten den allmächtigen Gott mit unserem Denken, Handeln und Leben ehren.
~~~~~~~

Und alle Söhne Israel sahen das Feuer herabfahren und die Herrlichkeit des HERRN über dem Haus. Da knieten sie mit dem Gesicht zur Erde auf das Pflaster nieder und beteten an, und sie priesen den HERRN: Denn er ist gütig, denn seine Gnade währt ewig! (2 Chr 7,3).

Steigt hinauf ins Gebirge und bringt Holz herbei und baut das Haus! Dann werde ich Gefallen daran haben und mich verherrlichen, spricht der HERR (Hag 1,8).

Darum, so spricht der HERR: Ich habe mich Jerusalem in Erbarmen wieder zugewandt. Mein Haus soll darin gebaut werden, spricht der HERR der Heerscharen, und die Messschnur soll über Jerusalem ausgespannt werden (Sach 1,16).

Die Sehnsucht eines Menschen nach den Dingen Gottes sollte alles Beschäftigtsein mit sich selbst, mit Ruhm, öffentlichem Ansehen und sozialem Status verschwinden lassen. Sind dein Hunger und dein Durst echt, wird dies dazu führen, dass du isst und trinkst, ohne Rücksicht auf die Meinung der anderen. Du wirst bereit sein, in den Augen anderer ein Narr zu sein, wenn du dafür vom Herrn umarmt wirst.

Steve Hill

Gott liebt mit großer Liebe alle, deren Herz vor Leidenschaft für das Unmögliche strotzt.

William Booth

KAPITEL 10

Ich weiß es nicht, frag Gott!

Altstadt

Einen Stamm werde ich seinem Sohn belassen, damit im Haus meines Dieners David das Licht nicht erlischt und in alle Zukunft einer seiner Nachkommen in Jerusalem regiert, in der Stadt, die ich dazu bestimmt habe, dass mein Name dort wohnt (1 Kön 11,36 GNB).

Simon war zur richtigen Zeit am falschen Ort. Jerusalem zum Passahfest zu besuchen, war ein lang ersehnter Traum von ihm gewesen. Die Reise von Kyrene aus hatte mehrere Wochen gedauert. Es wäre ein perfektes Fest gewesen, wenn nicht die Römer Tag und Nacht auf den Straßen patrouilliert hätten. Aber wenigstens war er in der heiligen Stadt. Er wachte früh auf und frühstückte ausgiebig, bevor er sich auf den Weg zur kyrenischen Synagoge machte, um dort zu beten. Auf dem Weg dorthin hörte Simon einen Aufruhr und sah, wie Menschenmassen den römischen Soldaten aus dem Weg gingen. Neugierig blieb er stehen, um zu sehen, was es damit auf sich hatte.

Ein Verbrecher wurde durch die Straße getrieben und von den grausamen Soldaten ausgepeitscht. Der Mann blutete und hatte Mühe, ein schweres Holzkreuz zu tragen. Simon war von dem Anblick des Mannes auf dem Weg zu seiner Kreuzigung abgestoßen. Eine ekelhafte Strafe, egal wie schrecklich das Verbrechen war, dachte er. Doch plötzlich packte ihn eine der römischen Wachen am Arm und schob ihn in die Mitte der Straße. Simon war mehr entrüstet als verängstigt. Der Soldat befahl ihm, das Kreuz für den Verbrecher zu tragen. Er weigerte sich. Aber nur einmal. Die Drohung mit der Peitsche reichte, um ihn zu überzeugen, dass er helfen musste.

Mit dem massiven Kreuz auf den Schultern machte er sich auf den beschwerlichen Weg zu einem Ort namens Golgatha. Der Weg war schwierig für ihn, aber noch schwieriger für den Mann neben ihm. Blut floss aus seinen offenen Wunden. Das Gehen war schon schwer genug, an Reden war nicht zu denken. Unterwegs verhöhnten einige Leute den Mann und nannten ihn „König der Juden". Ein paar weinten. Je mehr Simon versuchte, den Mann zu hassen, desto mehr Mitgefühl kam in ihm auf. Irgendetwas geschieht mit mir, das ich nicht erklären kann, dachte er. Im Laufe des langen Weges wurde Simon immer stärker; das Kreuz schien nicht mehr schwer zu sein. Er kam zu der Überzeugung, dass dieser Mann kein Krimineller war, nicht einmal ein durchschnittlicher Mann … sondern sehr viel mehr.

Der Gang auf den Berg war zu Ende. Seine Aufgabe war erfüllt, aber der Mann neben ihm hatte noch einen beschwerlichen Weg vor sich. Wie würde er die Qualen und Schmerzen aushalten können? Was mit Abscheu und Wut begonnen hatte, endete in Ehre und Ehrfurcht. Als er in das Gesicht des Mannes sah, der sterben sollte, nickte er. Welch ein Privileg, diese kleine Last für diesen Mann, den Sohn Gottes, Jesus, zu tragen.

~~~~~~~

Wir standen früh auf, um keine Zeit zu verlieren, und machten uns auf den Weg in die Altstadt. Die Sonne schien hell, als wir durch die bereits belebten Straßen liefen. Stimmengewirr erfüllte die Luft, zweifellos feilschten sie um die verschiedenen Waren, die zum Verkauf angeboten wurden. Der Duft des köstlichsten Kaffees der Welt wehte durch die Luft. Die glatten Steine zeigten Abnutzungserscheinungen von Millionen von Pilgern, die sie betreten hatten. In diesen alten Straßen fühlst du dich wirklich 2.000 Jahre zurückversetzt.

In seiner langen Geschichte wurde Jerusalem 52 Mal angegriffen, 44 Mal erobert und zurückerobert und zweimal zerstört. Die Altstadt wurde bereits 4.000 Jahre vor Christi Geburt besiedelt, was Jerusalem zu einer der ältesten Städte der Welt macht. Die Altstadt ist in
~~~~~~~

vier ungleiche Bereiche unterteilt – das Jüdische, Christliche, Muslimische und Armenische Viertel. Das gesamte Gebiet ist nur etwa ein Quadratkilometer groß.

Jüdisches Viertel

Wir begannen unseren Besuch im Jüdischen Viertel, wo sich die Klagemauer und der Tempelberg befinden. Wie schon gesagt, ist die Klagemauer das letzte Überbleibsel der Tempel, die von Salomo und König Herodes erbaut wurden. Die jüdischen Gläubigen kommen hierher, um zu beten. In dieser Gegend befindet sich auch der Tempelberg.

Dieser „Berg des Hauses Gottes" ist ein flacher Platz, der von Stützmauern umgeben ist. Juden wenden sich dem Tempelberg zu, wenn sie beten, da er die heiligste Stätte des Judentums ist. Viele Juden gehen wegen seiner extremen Heiligkeit nicht auf den Berg; sie wollen nicht versehentlich den Bereich betreten, in dem sich einst das Allerheiligste befand. Nach dem rabbinischen Gesetz befindet sich immer noch ein Teil der göttlichen Gegenwart an diesem Ort. Das Judentum lehrt, dass dies der Ort ist, an dem Gott den Staub sammelte, um Adam zu erschaffen. Auch andere wichtige biblische Ereignisse sollen hier stattgefunden haben: die Fesselung Isaaks, Jakobs Traum, das Gebet von Isaak und Rebekka und der Ort der Tenne, die David gekauft hatte.

1948 wurden alle jüdischen Bewohner aus der Altstadt vertrieben, als Jordanien sie eroberte. Die israelischen Streitkräfte eroberten Ostjerusalem jedoch 1967 zurück und vereinigten es mit dem westlichen Teil der Stadt. In den 1970er-Jahren wurde das jüdische Viertel wieder aufgebaut, sodass etwa 2.000 Juden und Jüdinnen in die Altstadt zurückkehren konnten. Durch die verwinkelten Gassen zu schlendern, war wie eine Reise in die Vergangenheit. Es ist ein wunderschönes Viertel und sehr gepflegt. Eine der schönsten Sehenswürdigkeiten in dieser Gegend ist eine riesige Menora, die aus 45 kg 24-karätigem Gold gefertigt wurde. Dieser siebenarmige Leuchter ist eine Nachbildung der Menora, die im ersten und zweiten Tempel verwendet wurde.

Die levitischen Priester zündeten die Menora im Heiligtum jeden Abend an und reinigten sie dann jeden Morgen, indem sie die alten Dochte durch neue ersetzten. Diese spektakuläre Nachbildung wird in einem durchsichtigen Kasten ausgestellt, oberhalb der Treppe, die zur Klagemauer und zum Tempelberg hinunterführt. Die Menora ist ein einzigartiges jüdisches Symbol, das Licht in die Welt bringt.

Tommy sagte: „Ich hätte nichts dagegen, einer der Priester zu sein, die die Menora in den Tempel tragen, wenn er gebaut wird. Du weißt, dass die Endzeit näher rückt. Sie fangen an, viele Dinge nachzubauen, die in den Dritten Tempel gehören. Gott gab mir eine Vision über genau diese Dinge. Als unser Führer Daniel mir erzählte, wozu die Menora diente, sah ich plötzlich zwei Priester in weißen Gewändern; beide kamen heran und hielten die Menora hoch. Ich konnte sehen, wie sie einem Mann ins Innere folgten. Ich nahm an, dass es Jesus war, obwohl ich sein Gesicht nicht sehen konnte. Das hat mich wirklich sehr bewegt."

> *Du sollst auch einen Leuchter aus feinem Golde machen, Fuß und Schaft in getriebener Arbeit, mit Kelchen, Knäufen und Blumen. Sechs Arme sollen von dem Leuchter nach beiden Seiten ausgehen, nach jeder Seite drei Arme. Jeder Arm soll drei Kelche wie Mandelblüten haben mit Knäufen und Blumen. So soll es sein bei den sechs Armen an dem Leuchter* (2 Mose 25,31-33 LUT).

Muslimisches Viertel

Als Nächstes stand das muslimische Viertel im nordöstlichen Teil der Altstadt auf dem Programm. Dieses größere Gebiet wird vom Felsendom beherrscht, einem Heiligtum, das dort steht, wo Abraham Isaak opfern wollte, wo dann aber Gott seine Hand zurückhielt. Diese wunderschöne Stätte sollte man sich nicht entgehen lassen; die massive Kuppel ist mit glänzendem Messing verkleidet.

„Der Berg Moriah war für mich eine große Überraschung – wie steil es da hochgeht. Er ist das Tor zum Himmel", sagte Tommy.

Die Verlockung des riesigen Souks[1] zwischen den beiden Vierteln war zu stark, um ihr zu widerstehen. Wir waren bereit, unser Verhandlungsgeschick unter Beweis zu stellen, da die Verkäufer erwarten, dass man mit ihnen feilscht. Der Basar ist voll mit religiösen Gegenständen, Souvenirs, Töpferwaren, Schmuck, Textilien und so ziemlich allem, was man sich vorstellen kann. Mir gefielen besonders all die wunderschönen gewebten Schals in allen erdenklichen Farben. Ein leckerer und gesunder Granatapfelsaft ist an jeder Ecke erhältlich. Der betörende Duft von Hunderten von Gewürzen liegt in der Luft. Alle Arten von Lebensmitteln werden für dein Essvergnügen angeboten: Sie sehen unglaublich aus und schmecken auch so.

Es gibt so viele Gassen, dass man sich leicht verlaufen oder im Kreis drehen kann. Wir sahen, wie ein Mann mit einem mit Obst und Gemüse beladenen Wagen einen Unfall hatte. Der Wagen kippte um und verschüttete überall Obst, Tassen und Servietten. Während er eilig das Chaos aufräumte, schrien ihn Dutzende von Menschen an, die an ihm vorbeigingen, ohne anzuhalten und zu helfen.

Wir müssen immer bereit sein, anderen zu helfen, nicht nur unseren Mitgläubigen. Die Heilige Schrift ist voll von Gottes Gebot an sein Volk, dies zu tun. Das ist eine heilige Sache und eine Art und Weise, wie der Herr seine Gemeinde gegenüber der Welt abgrenzt. In Galater 6,2 heißt es: *„Einer trage des anderen Last, und so werdet ihr das Gesetz des Christus erfüllen."* Wir nahmen uns ein paar Minuten Zeit, um diesem älteren Herrn zu helfen, seinen Wagen aufzurichten und seine Waren wieder darauf zu stapeln. Er schätzte das sehr und bedankte sich ausgiebig bei uns.

Ein paar Stunden und zwei Dutzend Schals später war es an der Zeit, zu unserem nächsten Ziel zu fahren. Wir schafften es durch den Markt, ohne unsere Bankkonten zu sehr zu belasten, aber wir mussten zusätzliche Koffer kaufen, um unsere Schätze nach Hause transportieren zu können! Wir betrachteten es als einen Beitrag zur lokalen Wirtschaft. Wir hätten noch stundenlang im muslimischen

[1] Ein Souk ist das Geschäftsviertel in arabisch-orientalischen Städten. In den teils überdachten Gassen findet man von kitschigen Souvenirs über duftende Gewürze und bunte Stoffe bis hin zu traditioneller Handwerkskunst alles, was das Herz begehrt (https://www.expedia.de/stories/reiselexikon-souk/; 30.03.2023)

Viertel einkaufen können. Aber es war Zeit zu gehen. Clif hatte einen Termin im Christlichen Viertel.

Christliches Viertel

Der prächtigste Ort im Christlichen Viertel ist die Grabeskirche. Sie gilt als der Ort, an dem Jesus gekreuzigt wurde und an dem sich auch sein leeres Grab befindet. Sie gelten als die beiden heiligsten Stätten des Christentums.

Im Jahr 312 n. Chr. konvertierte Konstantin der Große zum Christentum, nachdem er eine Vision von einem Kreuz am Himmel gesehen hatte. Er legalisierte daraufhin das Christentum und schickte seine Mutter Helena nach Jerusalem, um nach der Grabstätte Jesu zu suchen. In der Nähe eines Grabes wurden drei Kreuze gefunden, sodass Helena und die Bischöfe glaubten, sie hätten den Kalvarienberg gefunden. Konstantin ließ dort die Grabeskirche errichten.

Einem Biographen Konstantins zufolge war der gesamte Komplex einst reich verziert. Die spektakuläre Kirche ist voll von hohen Säulen und Hunderten von Bogenfenstern und -türen und wird von einer riesigen blauen Kuppel in 20 m Höhe gekrönt. Heute sind die Wände mit prächtigen Wandmalereien und Mosaiken geschmückt. In der Kirche gibt es sehr viele Bereiche zu erkunden. Es gibt mehrere Kapellen – zwei unterirdische, den Stein der Salbung, den Felsen von Golgatha und das Grab von Christus. Dieses Grab ist einer von zwei Orten, von denen die Einheimischen sagen, dass es das tatsächliche Grab unseres Herrn sein könnte. Aber niemand weiß es wirklich. Beide sind atemberaubend und äußerst bewegend.

Es war Zeit für Clifs Termin. Als wir uns durch die Gassen schlängelten, fanden wir „Razzouk Tattoo". Diesen Laden gibt es schon seit 1300 n. Chr.! Wassim, der jetzige Besitzer, gehört zur 27. Generation seiner Familie, die die Tätowierkunst Besuchern der Altstadt anbietet. Wassim erzählte uns: „Das Tätowieren ist eine Kunst, die die Familie Razzouk vor fünf Jahrhunderten aus Ägypten mitgebracht hat. In Ägypten hatten sie diese Kunst bereits seit 700 Jahren praktiziert. Unsere Vorfahren haben christliche Kopten in Ägypten mit einem kleinen Kreuz auf der Innenseite des Handgelenks tätowiert, um ihnen den Zugang zu Kirchen zu ermöglichen. In diesem

Land haben viele Tätowierer diese Kunst von meinem Großvater Jakob gelernt. Unsere Vorfahren brachten aus Ägypten die hölzernen, handgeschnitzten Stempel mit, die als Schablonen für die religiösen Motive aus der Bibel dienen, wie zum Beispiel die Kreuzigung, die Himmelfahrt, die Madonna und vieles mehr. Die Pilger standen Schlange und warteten darauf, dass sie an der Reihe waren, um sich entweder ein Kreuz oder ein anderes Motiv als Zeichen ihrer Pilgerreise oder als Andenken tätowieren zu lassen."

Clif wusste genau, was er wollte – ein bestimmtes Kreuz, das aus einem großen Kreuz mit Symbolen in jedem Quadranten bestand, die für Jesus, Christus, Alpha und Omega stehen. Es war eine Nachbildung des Kreuzes, das in einem Grab in der Nähe des Gartens von Gethsemane gefunden worden war.

Als wir den geschäftigen Laden von Razzouk verließen, hielten wir an, um in einem Café namens Aroma einen fantastischen israelischen Kaffee zu trinken. Wir waren uns einig, dass dies der beste Kaffee war, den wir je getrunken hatten! Vollmundig, dunkel und aromatisch, wurde er bald zu einem unverzichtbaren Bestandteil unserer täglichen Agenda. In diesem Viertel gibt es viele aus Olivenholz geschnitzte Krippen. Diese wunderschönen Schnitzereien reichen von sehr klein bis extrem groß, relativ günstig bis unverschämt teuer. Neben den Krippen gibt es auch andere biblische Szenen – das letzte Abendmahl, Jesus am Kreuz, Jesus wäscht seinen Jüngern die Füße und vieles mehr.

Armenisches Viertel

Unsere letzte Station an diesem ereignisreichen Tag war das armenische Viertel, der kleinste der vier Bereiche. Die armenische Präsenz in Jerusalem geht auf das 4. Jahrhundert nach Christus zurück. Zu dieser Zeit nahm Armenien das Christentum als Staatsreligion an und Mönche ließen sich in Jerusalem nieder. Heute leben etwa 2.000 Armenier in Jerusalem, vor allem in diesem Viertel. Der armenische Sektor wird von einer schönen Kuppelbasilika dominiert, die im 12. Jahrhundert in der Nähe des Zionstors fertiggestellt wurde. Die Kirche ist Jakobus, einem der 12 Apostel Jesu, und Jakobus, dem Bruder von Jesus, gewidmet. Exquisite Metallarbeiten, eine hoch aufragende Kuppel und fantastische Kunstwerke schmücken diese schöne Kathedrale. Wir genossen in einem Restaurant, das buchstäblich in die Innenmauer der Altstadt Jerusalems hineingebaut ist, eine köstliche Mahlzeit. Nachdem wir uns mit Hummus, Fladenbrot und Lammspießen gestärkt hatten, schlenderten wir durch das Viertel und betrachteten die kunstvollen armenischen Keramiken.

Auf dem Rückweg zu unserem Hotel während der Hauptverkehrszeit hatten wir genug Zeit, Tommy zu überreden, uns weitere Geschichten aus der Azusa Street zu erzählen. Er war immer gern bereit, uns die Geschichten von diesen geschätzten Heiligen zu erzählen.

Tommy erzählt von Azusa

Schwester Dundee

Schwester Dundee war fast 80 Jahre alt, als ich sie kennenlernte. Sie lebte schon seit den Jahren von Dr. Yoakum in Pisgah. Als gebürtige Italienerin hatte sie immer noch schwarzes Haar mit ein paar grauen Strähnen. Sie trug es immer als Dutt. Ihre goldfarbene Brille saß meist auf ihrer Nasenspitze. Sie trug diese altmodischen Stiefel mit Haken und Ösen, genau wie Schwester Carney, und hatte in Azusa alle Arten von Wundern erlebt. Da sie von Natur aus eher schweigsam war, musste ich ihr die Geschichten erst entlocken.

Sie erzählte mir von einem kleinen Jungen, der etwa sechs Jahre alt war und dessen Kopf und Körper an einen Rollstuhl geschnallt werden musste. Schwester Dundee ging zu seinen Eltern und fragte sie, was mit dem kleinen Kerl los sei. Sie wussten nur, dass er eine Art Lähmung hatte, aber gut atmen konnte. Sie sagte ihnen: „Das ist gut, denn so wird der Name des Herrn verherrlicht, aber wir können nicht einfach für ihn beten und ihn hier gefesselt lassen." Sie löste den Gurt an seinem Hals und sagte seinen Eltern, sie sollten seinen Körper hochhalten. „Im Namen von Jesus Christus, sei vollkommen gesund", betete sie. Sofort zuckte der Junge zusammen und wollte zum Spielen auf den Boden. „Tommy, ich hatte noch nicht mal ‚im Namen Jesu' herausbekommen, und er war schon geheilt!" Schwester Dundee erzählte, sie habe diesen kleinen Jungen in den nächsten vier Jahren noch ziemlich oft gesehen.

Ich möchte euch noch eine Geschichte erzählen, die ich noch nie erzählt habe. Es gab dort eine Oma, nicht sehr alt. Sie watschelte wie eine Ente. Ihre Beine waren verdreht, ihr Rücken und ihre Hüften waren ein einziges Chaos. Sie kam in die Azusa-Mission. Schwester Dundee betete normalerweise für Kinder, und deshalb fiel ihr diese Frau auf, als sie mit einem Haufen Kinder hereinkam. „Diese Kinder sind nicht Ihre, oder?", fragte sie die Frau. Die Frau erklärte, es seien ihre Enkelkinder, aber sie kümmere sich um sie.

Schwester Dundee fragte, ob dies schwierig sei, da sie ja in einem so schlechten Zustand sei. Die Frau sagte: „Nun, tut Gott hier nicht Wunder?" Schwester Dundee sagte: „Ja, mal sehen, was Gott mit Ihnen machen wird." Sie legte ihr die Hände auf und betete für sie. Vor ihren Augen begannen die Hüften, der Rücken und die verdrehten Beine der Frau zu knacken. Man konnte es hören. Sie richtete sich auf und war auf der Stelle geheilt. Ihr seht also, in der Azusa Street ging alles ganz schnell! Sie war schon alt, als sie dorthin kam, deshalb habe ich sie nie kennengelernt, aber ich habe einige ihrer Enkelkinder getroffen. Sie sagten, ihrer Oma sei es so schlecht gegangen, dass sie kaum laufen konnte. Sie sagte ihren Enkeln hauptsächlich, was sie tun sollten. Nach ihrer Heilung war sie wieder voller Elan und war laut deren Aussage fitter als sie.

~~~~~~~

Es war ein weiterer wunderbarer Tag in Jerusalem gewesen. Die Geschichte war lebendig geworden! Was für ein Segen, dies zu erleben.
~~~~~~~

Erbittet Heil für Jerusalem! Ruhe sollen die haben, die dich lieben! (Ps 122,6).

In jener Zeit wird man Jerusalem den Thron des HERRN nennen, und alle Nationen werden sich zu ihr versammeln wegen des Namens des HERRN in Jerusalem. Und sie werden nicht mehr der Verstocktheit ihres bösen Herzens folgen (Jer 3,17).

Erweise doch Zion deine Liebe: Bau die Mauern Jerusalems wieder auf! (Ps 51,20 GNB).

Echte Bewegungen Gottes müssen das Kreuz als zentralen Punkt haben – das Wichtigste zuerst. Der Thron ist das Zentrum seines Reiches, und auf seinem Thron sitzt das Lamm Gottes. Das Blutopfer wird bis in alle Ewigkeit geehrt und gefeiert werden. Obwohl die Auferstehung das christliche Leben richtig veranschaulicht und befähigt, ist es das Kreuz, das uns dorthin bringt. Es gibt keine Auferstehung ohne das Kreuz.

Bill Johnson

Christus, der Herr, ist heute auferstanden.
Verkünden die Söhne der Menschen und die Engel.
Freut euch mit Macht und triumphiert:
Singt, ihr Himmel, und Erde antworte.

Charles Wesley

Kapitel 11

Das Geheimnis ist die Salbung

Golgatha und Gartengrab

Glückselig und heilig, wer teilhat an der ersten Auferstehung! Über diese hat der zweite Tod keine Macht, sondern sie werden Priester Gottes und des Christus sein und mit ihm herrschen die tausend Jahre (Offb 20,6).

Die Frau ging durch den friedlichen Garten und erinnerte sich an die letzten Jahre, vor allem an die letzten paar Tage. Sie dachte an die Strapazen, die sie und ihre Mitgläubigen durchgemacht hatten. Aber sie erinnerte sich auch an die Freude und das Lachen. Was für eine Ehre war es gewesen, zu den Füßen Jesu zu lernen! Er war gekommen, um die Welt zu retten; und ganz bestimmt hatte er auch sie selbst gerettet. Tränen liefen über ihr schönes Gesicht, als sie an die Qualen dachte, die ihr lieber Freund erlitten hatte. Wie tapfer er gewesen war, wie großzügig bis zum Schluss … und wie er Gott um Vergebung für seine Peiniger und Henker gebeten hatte! Das Mindeste, was sie tun konnte, war, jeden Tag sein Grab zu besuchen und zu beten. Es war ein wunderschöner Garten – Olivenbäume, Vögel, Blumen. Überwältigt von Traurigkeit hatte Maria allen Mut zusammengenommen, als sie zum Grab ging. Dort fiel sie vor dem Grab auf die Knie. Der riesige Stein war weggerollt worden!

~~~~~~~
~~~~~~~

Die Auferstehung ist das, was dem christlichen Glauben Kraft gibt. Aber das Kreuz musste zuerst kommen. Jesus kam auf diese Welt, um am Kreuz als Opfer für die Sünden der Menschheit zu sterben. Die ganze Heilige Schrift führt auf diesen Höhepunkt in der Geschichte der Menschheit hin.

Obwohl es keinen Konsens über den genauen Ort der Kreuzigung gibt, haben wir einen der beiden am häufigsten genannten Orte dafür besucht. In Johannes 19,20 heißt es, dass der Ort *„nahe bei der Stadt"* lag, während in Hebräer 13,12 steht, dass er *„außerhalb des Tores"* lag. Matthäus und Markus erklären beide, der Ort sei für *„Vorübergehende"* zugänglich gewesen. Er lag also vor einem großen Stadttor, wo die Menschen sehen konnten, wie Jesus gekreuzigt wurde.

Golgatha

In allen vier Evangelien wird der Ort Golgatha genannt, ein Hügel in Jerusalem, der an einen Schädel erinnert. In den alten Texten heißt es, Golgatha sei ein Hügel, der an eine Schädeldecke erinnert, nicht an das Gesicht eines Schädels. Er war nicht weit von dem Grab entfernt, in dem unser Erlöser begraben worden sein könnte. Wie bereits erwähnt, vermuten viele Gelehrte, dass es sich um die Stelle handelt, auf der sich heute die Grabeskirche befindet, oder um einen Hügel, der „Gordons Kalvarienberg" genannt wird, nördlich des Damaskustors.

Wie bei so vielen Orten, die wir in Israel besucht haben, ist der genaue Ort unbekannt. Aber es ist schon ein bewegendes Erlebnis, in der Nähe zu sein. Was für ein Gefühl von Ehrfurcht und Ehrerbietung! Ein paar Augenblicke lang starrten wir vier einfach nur auf diese mögliche Stätte von Golgatha. Wir dankten unserem Vater, dass er seinen kostbaren Sohn geschickt hat, um uns zu erlösen. An das Ausmaß dessen, zu denken, was dort geschehen war, war überwältigend!

Das Gartengrab

In der Nähe befindet sich ein Garten, in dem viele Christen ein altes jüdisches Grab besuchen. Einige Gelehrte glauben, dass dieses Gartengrab der Ort sein könnte, an dem Christus begraben wurde und auferstanden ist. Es befindet sich direkt außerhalb der alten Stadtmauern. In Johannes 19,41 heißt es, dass es in der Nähe des Ortes, an dem Jesus gekreuzigt wurde, einen Garten gab *„und in dem Garten eine neue Gruft, in die noch nie jemand gelegt worden war“*. Die Frage nach dem genauen Ort des Grabes Jesu ist ein umstrittenes Thema. Wie gesagt, glauben viele, dass es in der Grabeskirche liegt, während andere darauf bestehen, dass es das Gartengrab ist.

Das Betreten dieses Grabes war eine bedrückende Erfahrung. Das Grab hat zwei Kammern mit Steinbänken an der Rückwand der ersten Kammer und entlang der Wände der zweiten Kammer. An die Wand im Inneren des Gartengrabs ist ein wunderschönes Kreuz gemalt. In den Quadranten des Kreuzes befinden sich Symbole für Jesus, Christus, Alpha und Omega. Du wirst dich daran erinnern, dass Clif sich genau dieses Kreuz in der Altstadt auf den Arm tätowieren ließ.

„Ich konnte mir vorstellen, wie der Körper von Jesus dort lag. Die Traurigkeit ließ mich nervös zittern. Aber die Salbung der Auferstehung ist immer noch da. Ich weiß, dass bald eine Erweckung in Jerusalem und auf der ganzen Welt ausbrechen wird. Es liegt nicht an uns – es liegt an Gott“, sagte Tommy.

Während wir durch diesen wunderschönen Garten spazierten, hatten wir reichlich Gelegenheit, über jene Ereignisse vor langer Zeit nachzudenken. Vor allem über die Auferstehung. Kannst du dir vorstellen, wie sich die Frauen am Grab gefühlt haben, als der Engel ihnen sagte, Jesus sei nicht mehr dort, sondern auferstanden? Der Stein war vom Grab weggewälzt worden! Als Gläubige müssen wir den lebendigen Gott suchen und unsere Bestimmung in diesem Leben finden. Wir müssen unsere Hände erheben und ihn im Geist und in der Wahrheit anbeten. Was für ein erstaunliches Ereignis, das vor rund 2.000 Jahren geschah. Gott rettete die Welt!

Ob dies der genaue Ort der Kreuzigung und der Auferstehung ist oder nicht, ist letztlich unwichtig. Was wirklich wichtig ist, ist, dass die Menschen heute eine Begegnung mit dem lebendigen Messias haben.

Während wir uns unter einem schönen, schattigen Baum abkühlten, erzählte Tommy einige Geschichten von den Heiligen der Azusa Street.

Tommy erzählt von Azusa

Bruder David Garcia

Die „Apostolic Faith Mission“ in der Azusa Street war die erste vollständig integrierte Kirche in Amerika. Menschen aller Rassen feierten gemeinsam Gottesdienst. Wenn William Seymour in die Versammlung kam, sorgte er dafür, dass alle Gruppen miteinander vermischt wurden. David Garcia war ein junger mexikanischer Amerikaner, der jeden Abend nach der Arbeit und jedes Wochenende zum Gottesdienst kam. Ich lernte ihn in Pisgah kennen; er lebte dort seit etwa 1955. Er war ungefähr 1,70 m groß und wog etwa 90 kg. Im Jahr 1906 war Bruder David etwa 18 Jahre alt. Er wohnte etwa 1,5 km vom alten Lagerhaus entfernt. Wenn wir uns in Pisgah trafen, servierte er mir immer starken Kaffee – keine Kekse und keine Milch!

Eine der besten Geschichten, die Bruder David mir je erzählt hat, handelt von einem nahe gelegenen Bahnhof. Eines Abends rannte er zur Azusa Street, um Frank Bartleman zu finden. Als er ihn fand, war er ganz außer Atem und sagte Bartleman eilig, er müsse ihm zum Bahnhof folgen, der etwa 800 m entfernt war. Er sagte: „Du musst kommen und dir das ansehen! Die Salbung ist weit über das hinaus, wo sie in der Vergangenheit war!“ Bartleman hatte zuvor von einem Blutkreis gesprochen, eine Zone um das Azusa-Lagerhaus herum, in der sich die Kraft Gottes ausbreitete. Als sie am Bahnhof ankamen, sahen sie, wie Menschen aus dem Zug stiegen, über den Bahnsteig liefen und so vom Geist Gottes ergriffen wurden, dass sie hinfielen, wobei sie oft in Zungen sprachen. Jemand erzählte ihnen, das sei schon den ganzen Tag passiert.

Bruder David sagte, das größte Wunder, an dem er beteiligt gewesen sei, seien die Heilungen von zwei Frauen und einem Mann gewesen, die alle durch Arthritis gelähmt waren und nacheinander geheilt wurden. Sie kamen in Rollstühlen aus einem nahe gelegenen

Pflegeheim. Eine der Frauen konnte sich nicht einmal selbst ernähren; es ging ihr sehr schlecht. Er fragte sie, ob sie gekommen seien, um geheilt zu werden; alle drei bejahten. Zuerst legte Bruder David der Frau, die sich nicht selbst ernähren konnte, die Hände auf den Kopf. Innerhalb von Sekunden, nachdem er für sie gebetet hatte, hörte ihr Kopf auf zu zittern! Sie schaute zu Bruder David auf und fragte ihn, ob er Jesus sei. Er lachte und sagte nein, aber Jesus sei in ihm, und Jesus habe sie geheilt. Er sagte ihr, dass sie aufstehen könne; das tat sie, und sie begann auch zu gehen! Dann tanzte sie etwa eine Stunde lang einen Walzer. Während sie tanzte, sah er die andere Frau an, die sagte: „Ich bin bereit." Er betete für sie, und nach einer Minute stand sie ebenfalls auf. Dann betete er für den Mann, der sogar gleich wegrannte! „Tommy, ich stand einfach nur da und staunte, wie alle drei ihre Heilung feierten."

Bruder David erzählte mir auch von einem Mann, der Mitte 30 war und eine Zahnfleischerkrankung hatte. Es war so schlimm, dass sein Gesicht dunkelrot und seine Zähne schwarz waren. Er hatte sehr viel Gift in seinem Körper! Nachdem er ihm die Hände aufgelegt und dreimal gebetet hatte, verschwand die Röte aus seinem Gesicht. Als der Mann seinen Mund öffnete, waren sein Zahnfleisch rosa und seine Zähne geheilt. Als ich in Pisgah war, traf ich Bill, den Sohn dieses Mannes. Nach mehreren Gesprächen mit ihm hatte ich endlich den Mut, ihn zu fragen, ob sein Vater schlechte Zähne gehabt habe, als er gestorben sei. Er sagte, er habe bei seinem Tod ein perfektes Gebiss gehabt!

Bruder David sagte: „Wenn du nach Azusa kamst, wurdest du geheilt. Je öfter du kamst, desto mehr Glauben hattest du und desto mehr Dinge geschahen. Weil dein Glaube wuchs, als du sahst, wie andere Menschen glaubten, hattest du bald keinen Zweifel mehr daran, dass jemand geheilt würde, wenn du auf ihn zugingst."

Bruder Braun

Es gab einige Heilige, die den Rest ihres Lebens damit verbrachten, die Erinnerungen an die Azusa Street wieder aufleben zu lassen. Das ist schön und gut, aber das Leben spielt sich in der Gegenwart ab. In Philipper 3,13 sagt Paulus, er vergesse, was hinter ihm liege, und strecke sich nach dem aus, was vor ihm liege.

Bruder Bill Brown lernte ich 1960 kennen. Er hatte sich etwa sechs Monate vor meiner Ankunft in Pisgah zur Ruhe gesetzt. Er wohnte mit mir im Wohnheim. Alles, worüber er je mit mir reden wollte, war Azusa. Versteht mich nicht falsch! Ich liebte die Geschichten, aber Bruder Bill war immer so traurig, weil die Schechina-Herrlichkeit verschwunden war und die Wunder in Azusa aufgehört hatten. Aber er erzählte mir herrliche Geschichten von Wundern. Er liebte es, für die Blinden zu beten. Als er in Azusa war, war er an der Heilung von mehr als 50 Blinden beteiligt! Er hat mir auch Geschichten erzählt, in denen sie um Wunder für Behinderte und Missgebildete beteten; Hunderte wurden geheilt.

Die folgende Geschichte habe ich noch nicht erzählt: Eines Abends im Jahr 1908 kam ein Mann herein, der einen Schlaganfall erlitten hatte. Er musste praktisch die gesamte linke Seite seines Körpers mitschleifen. Seinen linken Arm konnte er nicht mehr benutzen und konnte auch kaum noch sprechen. Er lallte und sabberte aus der linken Seite seines Mundes und hatte ein großes Handtuch bei sich, um den Speichel abzuwischen. Er erzählte Bruder Bill, er könne mit dem linken Auge sehen und durch das linke Nasenloch atmen, aber das sei auch schon alles. Alles andere war weg. Bruder Bill sagte: „Lass uns beten und Gott die Ehre geben. Wenn Gott dich heilen und gesund machen würde, bekäme er viel Ehre." Er legte die Hände auf den Mann und begann zu beten. Der Mann drehte sich und zuckte umher. Innerhalb von Sekunden fing der Mann an zu tanzen und zu schreien. Er war auf der Stelle geheilt worden! Bruder Bill sagte, er habe mit ihm getanzt und vor Freude geschrien.

In Pisgah lernte ich diesen Mann tatsächlich kennen. Bruder Bill hatte ihm geschrieben und ihn gebeten, diesen jungen Mann zu treffen, dem die Heiligen ihre Geschichten erzählten. Er war sehr alt, aber gesund. Ich fragte ihn, wie es war, bevor der Herr ihn geheilt habe. Er sagte, es sei schrecklich gewesen. Er brauchte eine große Krücke. Diese stellte er hinter sich und stützte sich darauf, dann zog er sein linkes Bein nach. Schließlich bat er Gott, ihn zu heilen oder ihn heimzuholen. Ich fragte den Mann, was er anschließend aus seinem Leben gemacht habe. Er sagte: „Was denkst du, was ich mit meinem Leben gemacht habe?" Ich lächelte und sagte, er sei wahrscheinlich Pastor geworden. Das bejahte er; er hatte sich aber inzwischen aus dem Pfarrdienst zurückgezogen. Gott hatte das alles geplant.

~~~~~~~

Der Tag hatte ziemlich bedrückend begonnen, als wir die mögliche Stätte von Golgatha sahen und an das Leid dachten, das unser Herr zu ertragen hatte. Doch als wir dann das leere Grab zu Gesicht bekamen, schloss sich der Kreis. Am Ende des Tages freuten wir uns, dass unser Erlöser lebt. Es gibt kein besseres Gefühl, als zu wissen, dass du die Ewigkeit mit Jesus verbringen wirst!

Es war aber an dem Ort, wo er gekreuzigt wurde, ein Garten und in dem Garten eine neue Gruft, in die noch nie jemand gelegt worden war (Joh 19,41).

Er aber sagte zu ihnen: „Habt keine Angst! Ihr sucht Jesus aus Nazaret, der ans Kreuz genagelt wurde. Er ist nicht hier; Gott hat ihn vom Tod auferweckt! Hier seht ihr die Stelle, wo sie ihn hingelegt hatten" (Mk 16,6 GNB).

Denn er hat uns aus der Gewalt der dunklen Mächte gerettet und uns unter die Herrschaft seines geliebten Sohnes gestellt (Kol 1,13-14 GNB).
~~~~~~~

Es fiel mir leicht, mich aus dem Alltag herauszulösen, sodass meine Hände und mein Verstand zwar mit den alltäglichen Dingen beschäftigt waren, mein Geist aber seine Haltung der Gemeinschaft mit Gott beibehielt.

John G. Lake

Es ist vergeblich, wenn wir beten, obwohl wir wissen, dass wir einen anderen verletzt haben. Bevor wir es wagen, privat oder öffentlich zu beten, sollten wir zuerst dem Verletzten Wiedergutmachung leisten.

Jonathan Goforth

KAPITEL 12

Das sind wir

Garten Gethsemane

Und er ging ein wenig weiter und fiel auf die Erde; und er betete, dass, wenn es möglich sei, die Stunde an ihm vorübergehe. Und er sprach: Abba, Vater, alles ist dir möglich. Nimm diesen Kelch von mir weg! Doch nicht, was ich will, sondern was du willst!" (Mk 14,35-36).

Die Gruppe von Männern bahnte sich leise ihren Weg durch die felsige, aus Kalkstein bestehende und mit Gestrüpp bewachsene Landschaft nordöstlich von Jerusalem. Die untergehende Sonne färbte den Himmel in wunderschöne rosa und orangefarbene Töne. Vögel flatterten zwischen den alten, knorrigen Olivenbäumen. Die Männer waren auf dem Weg zum Ölberg. Ihr Ziel war ein kleiner Garten am Fuß des Berges, der Garten von Gethsemane. Der Garten sollte der müden Gruppe, die das ganze Land Israel durchquert hatte, eine Pause verschaffen. Der Anführer dieser Gruppe von Brüdern wusste bereits, was in der kommenden Woche auf ihn selbst und die Gruppe zukommen würde. Traurigkeit und großer Kummer durchdrangen seine Seele.

~~~~~~~
~~~~~~~

Der Weg durch das Kidrontal zum Garten Gethsemane und zum Ölberg nahm mehr Zeit in Anspruch als erwartet. Zu biblischen Zeiten war dieses Tal mit Felsen und Bäumen übersät. Die Zeit und der Fortschritt haben ihren Tribut gefordert. Gewundene Straßen und lauter Verkehr sind heute vorherrschend. Man muss sich schon anstrengen, um sich vorzustellen, wie es vor 2.000 Jahren hier ausgesehen hat. Obwohl die genaue Lage von Gethsemane nicht mit Sicherheit bestimmt werden kann, haben die griechischen, lateinischen, armenischen und russischen Kirchen diesen Olivenhain am Westhang des Ölbergs als den authentischen Ort festgelegt.

Einige der Olivenbäume wurden auf ein Alter von 900 Jahren datiert, andere könnten noch älter sein. Sicher ist, dass es sich bei diesen erstaunlichen Bäumen um Ableger der Bäume handelt, die schon zur Zeit Jesu vorhanden waren. Sie produzieren auch heute noch Oliven. Als wir in Gethsemane ankamen, konnte man die Aura, die diesen heiligen Ort umgibt, nicht nur sehen, sondern auch spüren. Der ruhige Garten auf dem Gelände der „Kirche aller Nationen" am Fuß des Ölbergs lud uns ein, einzutreten und eine Weile über das dort Geschehene nachzusinnen.

Der Garten liegt in der Nähe der Maria-Magdalena-Kirche. In der Nähe dieser Kirche gibt es eine alte Grotte, in der noch eine antike Ölpresse steht. Gethsemane bedeutet „Ölpresse". Viele Gelehrte glauben, dass Jesus und seine Jünger hier die letzte Woche seines Lebens verbrachten. Messias bedeutet „der Gesalbte". Historisch gesehen wurden in Israel Könige mit Olivenöl gesalbt, als Zeichen dafür, dass sie von Gott auserwählt und bevollmächtigt waren zu regieren. In der Bibel sagt Jesaja: *„Und ein Spross wird hervorgehen aus dem Stumpf Isais, und ein Schössling aus seinen Wurzeln wird Frucht bringen"* (Jes 11,1). Es ist nur konsequent, dass Jesus seine letzten Tage im Gebet unter den Olivenbäumen verbrachte. Schließlich ist er der Gesalbte.

Tommy sagte: „Als ich all die neuen Triebe sah, die aus den Seiten dieser alten, dunklen Olivenstämme ragten, wusste ich, was sie waren. Sie waren die wilden Olivenzweige. Das sind wir, die Heiden, die eingepfropft sind! Wir sind dort eingepflanzt."

Wenn aber einige der Zweige herausgebrochen worden sind und du, der du ein wilder Ölbaum warst, unter sie eingepfropft und der Wurzel und der Fettigkeit des Ölbaumes mit teilhaftig geworden bist, so rühme dich nicht gegen die Zweige! Wenn du dich aber gegen sie rühmst – du trägst nicht die Wurzel, sondern die Wurzel dich (Röm 11,17-18).

Als Jesus im Garten Gethsemane betete, bat er Gott, den Kelch von ihm zu nehmen. Er wusste, dass er am Kreuz sterben würde, aber als Mensch hoffte er, dass er nicht so viel Leid und Schmerz erfahren müsste. In unserem Leben gibt es einige dieser Gethsemane-Erfahrungen. Wir kennen Gottes Willen, aber unser Wille ringt mit ihm. Ja, wir wollen, dass sein Wille geschieht, aber manchmal dauert es eine Weile, sich darauf einzulassen. Jesus betete mehrmals im Garten, bis er zu dem Schluss kam, dass Gottes Wille getan werden musste.

Wir müssen oft noch viel mehr beten und kommen dennoch oft nie zu dieser Entscheidung. Jesus wusste, dass der beste Ort, um nachzudenken und zu beten, im Garten war. Wir müssen unseren geheimen Ort zum Beten finden, um unserem Geist gegenüber unserem Fleisch einen Vorteil zu verschaffen. Der Ort, an dem wir mit dem Herrn Gemeinschaft pflegen, kann einen großen Einfluss darauf haben, ob wir Gott oder uns selbst gehorchen. Je mehr wir uns Gott ganz zur Verfügung stellen, desto mehr stellt Gott uns seinen Segen zur Verfügung.

Nach einem wunderbaren Gebetsmorgen, an dem wir wieder einmal den Ruf nach Erweckung im ganzen Land herausließen, fuhren wir auf den Ölberg. Auf dem Weg dorthin erzählte uns Tommy einige wunderbare Geschichten von Bruder Jona.

Tommy erzählt von Azusa

Bruder Jona

Ich mochte Bruder Jona sehr. Er gehörte nicht zu den Azusa-Heiligen, die in Pisgah lebten, aber er kam manchmal zu uns und predigte. Er hielt seine Predigten eigentlich nicht, sondern sang sie! Seine Tochter spielte auf dem Klavier und er begann zu singen. Er war in den 90ern, aber immer noch sehr gesund. Es machte mir

Spaß, ihn mir zu schnappen und ihn zu überreden, sich zu setzen und mir seine Geschichten zu erzählen.

Bruder Jona konnte ursprünglich weder lesen noch schreiben. William Seymour sagte ihm, er solle sich hinsetzen, die Bibel in die Hand nehmen, sie aufschlagen und darin lesen. Als er argumentierte, er könne nicht lesen, befahl Seymour ihm, sie aufzuschlagen und auszusprechen, was er sah. Er tat es. Es dauerte etwa zwei Monate, bis er das Alte und das Neue Testament durchgelesen hatte. Dann schloss er die Bibel und öffnete sie nie wieder, aber er konnte alles in ihr zitieren. Er lag nie daneben! Ich habe mit ihm gescherzt und versucht, ihn auszutricksen. Aber er machte nie einen Fehler!

Eines Abends im Jahr 1909 war Bruder Jona unten in der Mission. Ein Mann kam herein, der sehr kränklich aussah. Er trug eine Augenklappe über einem Auge, weil er auf diesem Auge blind war. Bruder Jona bat darum, das Auge sehen zu dürfen; es war trocken und verkümmert. Er bat den Mann, die Augenklappe wieder aufzusetzen, während sie sich unterhielten, und Bruder Jona betete für die Heilung des Mannes. Nach einer Weile sagte der Mann, sein Auge fühle sich seltsam an. Sie nahmen die Augenklappe ab; das Auge war völlig normal und er konnte wieder sehen!

Eines Abends saß Bruder Jona in Azusa da und beobachtete einen kleinen Jungen, der mit seinen Eltern gekommen war. Der Kleine tat ihm so leid, weil er schwer psychisch krank war. Bruder Jona fing an zu weinen und sagte: „Gott, ich weiß, dass du diesen kleinen Jungen liebst, und ich glaube, ich liebe ihn auch." Gott sagte ihm, er solle dorthin gehen und für den Jungen beten. Die Eltern sagten, sie hätten ihn gebracht, damit er geheilt werde, und waren so froh, dass Bruder Jona für ihn beten wollte. Bruder Jona sagte den Eltern, Gott habe ihm eine Botschaft gegeben. Die Eltern sollten den Jungen weiterhin zum Gebet in die Azusa Street bringen. Das taten sie auch, und zwar vier bis fünf Jahre lang! Inzwischen war der Junge nicht mehr psychisch krank, sondern er war normal geworden. Ich fragte Bruder Jonah, was der Junge jetzt mache (das war in den 1960er-Jahren). Er sagte, er sei später ein Harvard-Professor geworden! So ist unser Gott!

Nun folgt eine Geschichte, die ich noch nie erzählt habe! Ein wirklich tolles Wunder, an dem Bruder Jona beteiligt war, betraf einen Mann mittleren Alters, der mit einer kompletten Lähmung der linken Seite zu uns kam. Er konnte zwar aufstehen und ein wenig gehen, aber normalerweise benutzte er nur einen Rollstuhl. Bruder Jona fragte ihn, ob er einen Schlaganfall erlitten habe, was der Mann bejahte. „Das ist passiert, weil ich Gott nicht gehorcht habe", sagte der Mann. „Gott hat mich auf das Missionsfeld gerufen, aber ich wollte nicht gehen. Ich wollte mein Leben als Geschäftsmann weiterführen. Deshalb hat Gott mich jetzt aufhorchen lassen. Wenn er mich heilt, dann werde ich auf das Missionsfeld gehen." Bruder Jona legte ihm die Hände auf und betete. Er wurde auf der Stelle geheilt!

Er ging nach Afrika in die Gebiete um den Kongo. Er wollte später auch noch in den Kongo gehen, war aber dann zu alt und kam nach Amerika zurück. Schließlich sagte ihm sein Sohn, er werde in den Kongo gehen, um das Evangelium zu verbreiten. Ich lernte den Sohn dieses Mannes in Pisgah kennen. Er kam zu unserem Prediger, Bruder Smith, und fragte ihn, ob Pisgah ihn als Missionar finanziell unterstützen würde. Er war bereits 72 Jahre alt! Er ging in den Kongo und blieb drei Jahre lang. Er gründete dort 350 Gemeinden. Als er sie gründete, gab es in jeder Gemeinde etwa 30 bis 40 Menschen. Bevor er abreiste, machte er einen Rundgang durch alle Gemeinden. Sie waren jeweils auf 300 bis 400 Menschen angewachsen! Und das in nur drei Jahren! Der Mann war 75 Jahre alt, als er zurückkam. Ich sage den Leuten: Sage mir nicht, wie alt du bist. Du bist nie zu alt! Wenn Gott sagt, dass du etwas tun sollst, dann tu es!

~~~~~~~

Im wunderschönen Garten Gethsemane zu sein, war eine wunderbare Erfahrung. Die Olivenbäume stehen dort schon seit Hunderten von Jahren und werden von dem sie umgebenden Wasser gespeist, um sie zu erhalten. Wie diese Bäume werden auch wir von dem Strom aus Zion gespeist. Durch das Herz eines jeden Gläubigen fließt der Strom Gottes, der uns neues Leben und Hoffnung bringt. Jesus sprach von Strömen lebendigen Wassers, die aus den Gläubigen fließen. Es war nun an der Zeit, den letzten Ort zu besuchen, an dem unser Erlöser in Zion gewesen war. Unser Aufstieg hatte uns auf den Gipfel des majestätischen Ölbergs gebracht.
~~~~~~~

Dann kam Jesus mit seinen Jüngern zu einem Grundstück, das Getsemani hieß. Er sagte zu ihnen: „Setzt euch hier! Ich gehe dort hinüber, um zu beten“ (Mt 26,36 GNB).

In seiner Todesangst betete Jesus noch angespannter und sein Schweiß tropfte wie Blut auf den Boden (Lk 22,44 GNB).

Ich will ihre Abtrünnigkeit heilen, will sie aus freiem Antrieb lieben. Denn mein Zorn hat sich von ihm abgewandt. Ich werde für Israel sein wie der Tau. Blühen soll es wie die Lilie, und seine Wurzeln schlagen wie der Libanon (Hos 14,5-6).

Nirgendwo sonst können wir die Heiligkeit Gottes kennenlernen und unter seinen Einfluss und seine Macht kommen, als in unserer Gebetskammer. Es ist richtig gesagt worden: „Kein Mensch kann erwarten, dass er in der Heiligkeit Fortschritte macht, wenn er nicht oft und lange mit Gott allein ist.“

Andrew Murray

Denn dieses Mal wird es Gott ohne Tarnung sein; etwas, das so überwältigend ist, dass es entweder unwiderstehliche Liebe oder unwiderstehliches Entsetzen in jeder Kreatur auslösen wird. Dann wird es zu spät sein, um dich für eine Seite zu entscheiden.

C.S. Lewis

Kapitel 13

Es raubt mir den Atem

Ölberg

Dann aber, an jenem Tag, wird der HERR selbst gegen diese Völker in den Kampf ziehen, wie er in früheren Zeiten für sein Volk gekämpft hat. Er stellt sich auf den Ölberg, der östlich von Jerusalem liegt, und der Berg wird sich von Osten nach Westen in zwei Teile spalten. Die eine Hälfte weicht nach Norden aus, die andere nach Süden, sodass ein breites Tal entsteht (Sach 14,3-4 GNB).

Ihre kostbare gemeinsame Zeit neigte sich dem Ende zu. War es wirklich schon 40 Tage her, dass ihr Herr vom Tod auferstanden war? Es schien, als sei es erst gestern gewesen, dass sie das Leid und den Horror der Kreuzigung miterlebt hatten. Man kann sich die Qualen, die sie durchgemacht haben, nicht ausmalen. Doch ihr Schmerz war nur von kurzer Dauer, denn der Messias war auferstanden! Wie herrlich! Jesus erschien ihnen, prophezeite und lehrte. Er sprach über das Reich Gottes. Während sie gemeinsam aßen, gab er ihnen die Anweisung, in Jerusalem zu warten; Gott hatte ein Geschenk für sie: Sie würden mit dem Heiligen Geist getauft werden. Die Männer flüsterten untereinander und fragten sich, was das zu bedeuten hatte.

Die Jünger folgten ihrem Herrn auf den Ölberg. Auf dem Weg dorthin erinnerten sie sich daran, wie oft sie auf ihren zahlreichen

Reisen – vorbei an den Gräbern und den alten Bäumen – diesen Hügel hinaufgegangen waren, an all das Lachen und die Tränen, an sehr viel Freude und sehr viel Schmerz. Nun war die Zeit gekommen, in der Jesus neben seinem Vater im Himmel Platz nehmen sollte. Die Männer dachten, sie könnten seine Abreise aufschieben und stellten so viele Fragen wie möglich. Sie versammelten sich um ihn und fragten ihn, ob er nun das Reich Israel wiederherstellen werde. Mit seiner üblichen Geduld erklärte er ihnen, dass sie niemals die Zeit oder das Datum des Endes erfahren würden.

Jesus erklärte ihnen noch einmal, dass sie Kraft erhalten würden, wenn der Heilige Geist auf sie käme, und sagte: *„... ihr werdet meine Zeugen sein, sowohl in Jerusalem als auch in ganz Judäa und Samaria und bis an das Ende der Erde“* (Apg 1,8b). Nach dieser letzten Aussage wurde der Messias zu ihrem Erstaunen in den Himmel hinaufgehoben, verborgen von einer Wolke. Die Männer fielen vor Ehrfurcht auf die Knie; sie konnten kaum atmen, geschweige denn sprechen. Sie waren von einer unbeschreiblichen Freude erfüllt, weil sie wussten, dass ihr Herr und Erlöser eines Tages wieder auf diesen wunderschönen Ölberg kommen würde. Sie warteten. Wir warten auch. Komm, Herr Jesus!

~~~~~~~

Die Nachmittagssonne versengte das ausgedörrte Gelände, als wir den anderthalb Kilometer langen Bergrücken parallel zum östlichen Teil Jerusalems erklommen. Auf dem Weg hoch zum Ölberg sangen wir Loblieder und die Gegenwart des Heiligen Geistes war sehr stark. Wir fragten uns, wie viele Loblieder im Laufe der Jahrhunderte auf diesem Hügel wohl gesungen worden waren. Sicherlich zu viele, um sie zählen zu können.

Der Ölberg liegt auf einer Höhe von 826 m und überblickt Jerusalem und den Tempelberg. Der Berg wird zum ersten Mal in 2. Samuel 15,30 erwähnt, als David auf der Flucht vor Absalom ist. David weinte, als er den Berg hinaufstieg, weil er von seinem Sohn verraten worden war. In der Zeit des Zweiten Tempels wurde auf dem Berg die religiöse Zeremonie zum Beginn eines neuen Monats abgehalten. Nach der Zerstörung des Zweiten Tempels wurde das Sukkot- bzw. Laubhüttenfest auf dem Ölberg gefeiert. Dabei wird
~~~~~~~

gefeiert, wie Gott sein Volk unter den harten Bedingungen der Wüste beschützt hat, als es auf dem Weg ins Gelobte Land umherwanderte.

In der Sukkot-Woche pilgerten die Juden auf den Gipfel des Berges, um auf die Stelle herabsehen zu können, an der einst der Tempel stand. Dies wurde zu einem traditionellen Ort, um die Zerstörung des Tempels zu beklagen. Im Neuen Testament wird der Ölberg häufig als Teil des Weges von Jerusalem nach Bethanien erwähnt, das an der Ostseite des Berges liegt.

Auf dem Berg befindet sich ein riesiger jüdischer Friedhof. Vor etwa 3.000 Jahren begannen dort die Bestattungen, die bis heute andauern. Es gibt zwischen 70.000 und 150.000 Gräber. Die jüdische Tradition besagt, dass der Messias auf dem Ölberg erscheinen und auf den Tempelberg zugehen wird. Die Auferstehung der Toten werde hier beginnen, deshalb wollen viele Menschen jüdischen Glaubens hier begraben werden, mit den Füßen in Richtung der alten Stadt.

Tommy sagte: „Ich war erstaunt über den riesigen Friedhof. Es war ein großer Schock, all die Gräber zu sehen. Ich schaute Daniel, unseren Reiseführer, an und fragte, warum keine Blumen auf ihnen lägen. Er erklärte mir, dass sie auf diese Gräber keine Blumen legen, sondern Steine. Als die Israeliten den Jordan durchquerten, was legten sie da mitten in den Fluss hinein? Zwölf große Steine. Die Blumen verwelken, aber die Steine sind noch da. Mir ist klar geworden, dass die Gräber rund um den Berg verlaufen. Sie sind da für die Zeit, wenn der Messias kommt; sie glauben, dass sie mit seinem Kommen auferstehen werden. Wir wissen, dass am letzten Tag die Toten auferstehen werden."

Wir machten uns auf den Weg zur Brüstung auf dem Gipfel des Berges. Als Tommy seinen Blick über die alte Stadt Jerusalem und das Kidrontal schweifen ließ, sprach Gott mächtig zu ihm und gab ihm viele Visionen.

Tommy erzählt

Ich kann kaum in Worte fassen, was auf dem Ölberg passiert ist. Es hat mich umgehauen! Ich wusste nicht, wie ich damit umgehen sollte! Ich spürte Gottes Gegenwart um mich herum und in mir so stark. Ich wollte abwarten und sehen, was er mir genau sagen würde. Ich wollte nicht, dass Tommy mir in die Quere kommt. Wir kommen Gott oft zuvor. Ich dachte: „Das ist es. Hier wird sich alles abspielen! Ich saß da und überlegte, ob ich noch weiter den Berg hinaufgehen sollte. Ich war bereit, nach oben zu gehen. Aber Gott sagte mir, ich solle nach unten gehen. Ich ging mehrmals ein Stück, bis Gott sagte: „Das ist der Ort, an den ich meinen Fuß setzen werde!“

Gott ließ mich dann sehen, was passieren würde. Ich konnte sehen, wie er seinen Fuß hinsetzte und der Berg sich spaltete ... das Tal entstand. Da war nichts mehr unter mir; der Berg hatte sich gespalten! Ich spürte, wie die Erde unter mir wegbrach. Alles ging durch mich hindurch; es nahm mir ein wenig den Atem. Als ich es sah, griff ich nach oben und hielt mich am Geländer fest. Es machte mir Angst; ich wollte auf der Stelle schreien! Bis ich merkte, dass es eine Vision war, machte es mir Angst. Es war ein großes Tal, sehr tief, etwa 1,5 km. Der Berg wird sich bewegen! Ich sah viele Menschen, die zu Fuß unterwegs waren.

Ich schaute hinüber nach Jerusalem und konnte eine kleine Stelle in der Mauer sehen. Es war das Osttor. Ich konnte meine Augen nicht von diesem Punkt abwenden. Gott sagte mir, Jesus werde, nachdem sich der Berg gespalten hat, auf ebenem Boden direkt durch dieses Tor gehen, um seine Krone zu empfangen. Wir alle werden durch das Osttor gehen. Meine Gedanken rasten mit Überschallgeschwindigkeit! Ich konnte alles vor mir sehen. Es war wie ein Film; ich konnte es sehen. Es war nahezu unfassbar. Ich dachte: So einen Film hast du noch nie gesehen. Es war also nicht so, dass vor meinen inneren Augen ein mir bekannter Film noch einmal abgelaufen wäre. Ich schätze, Gott ließ mich einfach einen Blick in die Vergangenheit werfen ... durch die Geschichte, das Handeln Gottes und wie töricht der Mensch sein kann. Wie töricht! Ich schaute hinüber und konnte die Geschichte Jerusalems sehen. Ich sah die Könige Saul und David, und so viele andere. Saul war ein Riese; in der

Bibel steht, dass er ganz Israel überragte. Einmal war Saul ein Prophet. Es gibt einige Propheten, die auch in unseren Tagen großen Mist gebaut haben. Beobachte, was die Prophet sagen. Wenn es sich nicht bewahrheitet, weißt du, dass der Prophet es nur vermutet hat. Aber wenn es eintritt, sollst du den Propheten fürchten. Das heißt nicht, dass du dich vor ihnen fürchten sollst, sondern dass du sie respektieren sollst, wenn sie etwas sagen. Das mache ich mit Propheten; ich beobachte sie.

David war nicht sehr groß. Davids Freund Jonatan war nicht so groß wie sein Vater Saul, aber er war ein ganzes Stück größer als David. Ich fragte Gott, wo Davids Brüder waren, und er zeigte sie mir. Ich sah, wie Samuel, der von Gott gesalbte Prophet, mit David sprach. Samuel sah aus wie ein Prophet; ich musste zurücktreten und mich vor ihm verbeugen. Ich sah Salomo und seinen Sohn. Sein Sohn hörte nicht auf die älteren Männer und verlor deshalb zehn Stämme des Königreichs; das war traurig. Ich sah Sauls Tochter Michal und die drei Ehefrauen Davids. Abigail war die hübscheste, sogar hübscher als Batseba.

Ich sah Soldaten mit Schwertern, Speeren, Bögen und Pfeilen, aber ich wusste nicht, wer sie waren. Dann sah ich Nathan; ich war ganz aufgeregt, ihn und Samuel zu sehen! Die Propheten hatten graue Haare und Bärte; ich war sehr von ihnen angezogen. Sie leuchteten hervor. Samuel war der Prophet, der König Saul und König David salbte. Natan war der Prophet, der König Salomo salbte. Ich saß weiter da und ließ Gott zu mir sprechen. Ich fühlte mich wie auf einer Achterbahn. Noch heute fällt es mir schwer zu schlafen, wenn ich an diese Vision denke. Ich gehe zurück zum Ölberg und sehe diese Menschen wieder. Ich sehe diese Vision immer wieder. Es war unglaublich, dass Gott mir gezeigt hat, wo er seinen Fuß hinsetzen und wie sich der Berg spalten wird!

Ich war wirklich erstaunt, dort zu sitzen und das zu sehen. Ich bin mir nicht sicher, was das alles bedeutet, aber ich weiß, dass wir bereit sein müssen. Ich denke, das wird bald geschehen! Warum gibt Gott einigen von uns diese Fähigkeit? Ich stelle Gott immer eine Menge Fragen. Vielleicht hat Gott mich deshalb für diese Aufgabe ausgewählt. Die einzige dumme Frage ist die, die du nicht stellst. Warum er gewartet hat, bis ich 76 Jahre alt war, um es mir zu zeigen, weiß ich nicht. Gott ließ mich sehen, was passieren würde! Ich dachte: Diese Geschichte muss erzählt werden! Er sagte mir, ich solle sie in einem Buch festhalten. Ich fragte ihn, ob Jody das Buch schreiben solle, und ich hörte ein klares Ja! Ich weiß, dass diejenigen, die Israel segnen, auch gesegnet werden!

~~~~~~~

Unsere Zeit auf dem spektakulären Ölberg neigte sich dem Ende zu. Bei einem Spaziergang unter den wunderschönen Olivenbäumen konnten wir die Natur in der Nähe der geschäftigen Stadt Jerusalem erleben. Wir waren alle begeistert von den Visionen, die Tommy erhalten hatte. Tag für Tag, immer wieder, begeistert es uns, vom Heiligen Geist zu hören. Es wird nie langweilig! Wir wollen so oft wie möglich mit unserem Herrn kommunizieren. Es wurde zu einer Gepflogenheit, dass Tommy auf unserer Reise von Ort zu Ort weitere erstaunliche Geschichten erzählte. An diesem Tag baten wir ihn, Geschichten über sich selbst zu erzählen.

Tommy erzählt

Gott liebt jeden und gibt jedem eine Chance. Ich bin froh, dass ich meine nicht verpasst habe. Ich hätte auf meinem Pferd reiten, schwimmen, jagen oder angeln können. Stattdessen verbrachte ich viel Zeit in Gebetstreffen und Erweckungen mit meiner Mutter. Als ich jung war, dachte ich, meine Mama würde mich nicht mögen. Als ich erwachsen war, fragte ich meine Mutter, ob ich sie zum Essen einladen dürfe, nur wir beide; sie sagte ja. Bei diesem Essen erzählte ich ihr, ich sei das älteste von 11 Kindern. Sie lachte und sagte, sie sei sich dessen bewusst. Ich fragte sie, warum sie mich zu jedem möglichen Heilungsevangelisten geschleppt habe.

Einige meiner Brüder und Schwestern wussten nicht einmal, dass das so war. Sie erzählte mir, sie habe mich zu den Treffen mitgenommen, damit ich die Salbung der Evangelisten bekommen würde. Wow! Sie wusste, dass Gott mich berufen hatte.
~~~~~~~

Gott wird deine Sprache sprechen. Meine Mutter konnte weder lesen noch schreiben; sie kam vom Land. Aber Gott sprach in ihrer Sprache, die sie verstehen konnte. Gott muss nicht so mit dir reden, wie du denkst, dass er es tun müsste. Er kann jede Sprache sprechen, die er sprechen will. Eines Tages sagte ich zu Marlene, meiner Frau, dass Jesus, wenn er zu ihr käme und mit ihr spräche, das Englisch der Königin sprechen würde. Aber weil ich ein Junge vom Lande aus Oklahoma bin, redet er mit mir so, wie ich es verstehen kann.

Meine Mutter hatte 1961 eine Begegnung mit Kenneth Hagin. Er hielt eine Evangelisation in Wright City (Texas), ab und veranstaltete jeden Donnerstag eine Nacht der Wunder. Vier meiner Geschwister waren dorthin gegangen und wurden dort mit dem Heiligen Geist getauft, eines nach dem anderen. Mama ging auch hin und sagte, sie wolle ihre Heilung von Gott bekommen. „Ich gehe hin, auch wenn ihr mich tragen müsst", sagte sie.

Sie litt damals an rheumatischem Fieber und hatte überall große Wunden. Bruder Hagin betete für sie und wies seine Leute an, Papiertücher zu holen und sie unter sie zu legen. Die Leute in der Gruppe sagten, man habe einen glänzenden Fleck auf ihrer Stirn sehen können, der immer größer wurde, und man habe sehen können, wie ihre Haut schlaff wurde. Vor ihren Augen löste sich ihre Gesichtshaut ab und an ihrer Stelle entstand eine neue! Viele Jahre später, als sie starb, hatte sie immer noch das Gesicht einer 35-jährigen Frau. Am restlichen Körper war sie faltig, aber ihr Gesicht war es nicht. Das war die Art von Wundern, die Bruder Hagin in seinen Gottesdiensten erlebte, sehr ähnlich wie in der Azusa Street.

Meine Großmutter war eine Baptistin. Wenn jemand aus einer Wunde blutete, rief man nach Oma und sie sagte: „Okay, ich werde meine Bibel zitieren." Aber sie zitierte sie nie laut. Sie beugte ihren Kopf und sagte: „Gott." Und jedes Mal hat es funktioniert! Die Leute hörten auf zu bluten. Einmal wurde einem ihrer Enkel mit einer Schrotflinte ins Bein geschossen. Sie konnten die Blutung nicht stoppen und riefen Oma an. Sie sagte: „Okay, bis ihr wieder bei ihm seid, werde ich gebetet haben und die Blutung wird aufgehört haben." Sie hatte aufgehört! Im Jahr 1961 kam Johnny Bartleman, Franks Sohn, nach Pisgah. Er war an Leukämie schwer erkrankt und hatte nicht mehr lange zu leben. Er wollte Gebet. Bruder Smith, der Pastor von Pisgah, sagte Johnny, er solle sich mit mir in Verbindung setzen. Er sagte, ich sei ein Hinterwäldler, hätte aber einen enormen Glauben. Ich war aber kein Hinterwäldler, sondern einfach vom Land.

Bruder Smith erzählte Johnny, ich sei viel mit den Heiligen in der Azusa Street zusammen und habe ihre Salbung aufgenommen. Er kam zu mir und ich betete für ihn, aber er wurde nicht geheilt. Ich fragte ihn, ob es jemanden in seinem Leben gäbe, dem er nicht vergeben könne. Er sagte, ja, er könne seinem Vater nicht vergeben. Ich sagte ihm: „Gott sagt, wenn du nicht vergibst, vergibt er dir auch nicht. Solange du deinem Vater nicht vergibst, wirst du nicht geheilt werden. Ich weiß, wovon du sprichst, und dein Vater hatte Unrecht; du musst ihm vergeben. Unversöhnlichkeit ist Gift. Geh doch für eine Zeit in die Berghütte hoch und bleibe dort eine Weile, bis du es durchgebetet hast.' Hier war ich, ein 18-jähriger Junge, der einem 54-jährigen Mann sagte, er solle beten gehen! Johnny sprach mit Bruder Smith, der ihn zur Berghütte schickte. Dort blieb er zwei Monate lang. Als er zurückkam, sagte er, er habe seinem Vater vergeben. Ich sagte mir, mal sehen, ob es stimmt. Ich betete für ihn, und er war sofort geheilt! Ich lächelte breit und sagte: „Gut, ich glaube, du hast ihm vergeben.“ Ich war sehr glücklich. Ich verstand vieles davon nicht und wusste nicht, was vor sich ging. Ich wusste nicht, dass ich in die Geschichtsbücher eingehen würde! Ich liebe einfach Geschichten, und ich mochte die Geschichten der Heiligen ... und ihren Lebensstil.

~~~~~~~

Gott ist unser Maßstab. Er bestimmt, was richtig und was falsch ist, nicht die Kultur. Wenn man es den Menschen überlässt, werden die meisten es jedes Mal falsch machen. Beim Verlassen des Ölbergs dachten wir daran, dass wir eines Tages zurückkommen werden. Es wird ein offener Himmel über ganz Jerusalem sein. An diesem Tag wird es ein Brausen vom Himmel geben. Gottes Überrest wird durch das Osttor strömen, und wir werden unter ihnen sein und unserem glorreichen Erlöser folgen!
~~~~~~~

Dann führte der Mann mich zum östlichen Tempeltor. Dort sah ich die Herrlichkeit des Gottes Israels von Osten herankommen. Ein Rauschen ging von ihr aus wie von der Brandung des Meeres und ihr Glanz tauchte die ganze Umgebung in strahlendes Licht (Hes 43,1-2 GNB).

Er sprach zu ihnen: Es ist nicht eure Sache, Zeiten oder Zeitpunkte zu wissen, die der Vater in seiner eigenen Vollmacht festgesetzt hat. Aber ihr werdet Kraft empfangen, wenn der Heilige Geist auf euch gekommen ist; und ihr werdet meine Zeugen sein, sowohl in Jerusalem als auch in ganz Judäa und Samaria und bis an das Ende der Erde. Und als er dies gesagt hatte, wurde er vor ihren Blicken emporgehoben, und eine Wolke nahm ihn auf vor ihren Augen weg. Und als sie gespannt zum Himmel schauten, wie er auffuhr, siehe, da standen zwei Männer in weißen Kleidern bei ihnen, die auch sprachen: Männer von Galiläa, was steht ihr und seht hinauf zum Himmel? Dieser Jesus, der von euch weg in den Himmel aufgenommen worden ist, wird so kommen, wie ihr ihn habt hingehen sehen in den Himmel" (Apg 1,7-11).

Dann sagte er zu ihnen: „Als ich noch mit euch zusammen war, habe ich euch gesagt: ‚Alles, was im Gesetz, in den Schriften der Propheten und in den Psalmen über mich steht, muss in Erfüllung gehen'" (Lk 24,44 GNB).

Erweckung ist etwas ganz anderes als Evangelisation auf höchstem Niveau … Erweckung ist eine Bewegung Gottes in der Gesellschaft und plötzlich wird die Gesellschaft sich Gottes bewusst, noch bevor jemand im Rahmen einer evangelistischen Aktion ein Wort sagt.

Duncan Campbell

Die Erweckung in Südwales ist nicht von Menschen, sondern von Gott. Er ist uns sehr nahe gekommen … Ich bin nicht die Quelle dieser Erweckung, sondern nur ein Vertreter einer wachsenden Zahl von Menschen. Ich wünsche mir keine persönliche Anhängerschaft, sondern nur die Welt für Christus. Die Welt wird von seinem Geist wie von einem rauschenden, mächtigen Wind erfasst werden. Viele, die jetzt stille Christen sind, werden die Bewegung anführen. Sie werden ein großes Licht sehen und dieses Licht Tausenden in der Dunkelheit reflektieren. Tausende werden mehr tun, als wir erreicht haben, entsprechend der Kraft, die Gott ihnen gibt.

Evan Roberts

KAPITEL 14

Die Ernte

Die Prophetie von Tommy Hicks

Prophetische Rede verachtet nicht. Prüft aber alles und das Gute behaltet (1 Thess 5,20-21 LUT).

17. November 2019

In der Nacht gab es leichten Frost und Tausende von Sternen funkelten am dunklen Himmel. Ich schlief tief und fest, eingekuschelt in eine zusätzliche Decke. Die Uhr tickte in Richtung Morgen, obwohl die Sonne noch Stunden vom Aufgang entfernt war. Der tiefe Schlummer hielt nicht lange an. Gott musste mir etwas sagen. Mit einem Ruck öffnete ich meine Augen, als der Heilige Geist dreimal leise, aber deutlich zu mir sprach:

- „das Geräusch von brennendem Wasser“
- „so sauber wie Ysop“
- „die Riesen wiederherstellen“

Sofort fing ich an, um die Auslegung dieser prophetischen Worte zu beten. Der Heilige Geist ging nicht näher darauf ein. Ich nahm meine Bibel heraus, um nach einer möglichen Bedeutung zu suchen …

Der prophetische Traum

Die Prophetie, die Tommy Hicks 1962 in Pisgah über Tommy Welchel gab, geht auf den folgenden Traum zurück, den Bruder Hicks hatte. Dieses unglaubliche Wort unseres himmlischen Vaters spricht über die Endzeiternte. Wie gesagt, hatte Bruder Hicks zu Tommy gesagt, er sei einer der Riesen in dieser Prophetie!

Bruder Tommy Hicks erzählt

Vision des Leibes Christi und der Endzeitdienste

Meine Botschaft beginnt am 25. Juli, gegen 2.30 Uhr morgens in Winnipeg in Kanada. Ich war kaum eingeschlafen, als Gott mir (im Traum) die Vision und die Offenbarung gab. Dies geschah an diesem Morgen drei Mal bis aufs Detail genau. Ich war davon so aufgewühlt und berührt, dass sie meine gesamte Sicht auf den Leib Christi und die Endzeitdienste verändert hat.

Das größte Geschenk, das der Gemeinde Jesu Christi je gegeben wurde, liegt direkt vor uns! Es ist sehr schwer, Männern und Frauen zu helfen, das zu erkennen und zu verstehen, was Gott seinem Volk in der Endzeit schenken will.

Vor einigen Wochen erhielt ich einen Brief von einem unserer einheimischen Evangelisten in Afrika, unten in Nairobi. Dieser Mann und seine Frau waren auf dem Weg nach Tanganjika[1]*. Sie konnten früher weder lesen noch schreiben, wir hatten sie aber seit über zwei Jahren unterstützt. Als sie in das Gebiet von Tanganjika kamen, stießen sie auf ein kleines Dorf. Das gesamte Dorf wurde gerade wegen einer Seuche, die das Dorf befallen hatte, evakuiert. Sie trafen dort auf Eingeborene, die weinten, und sie fragten sie, was los sei.*

Sie erzählten ihnen von ihrer Mutter und ihrem Vater, die plötzlich gestorben waren und seit drei Tagen tot waren. Sie mussten gehen. Sie hatten Angst, in die Hütte hineinzugehen; sie wollten sie

[1] *Dem heutigen Tansania.*

dort zurücklassen. Der Missionar drehte sich um und fragte sie, wo sie waren. Sie zeigten auf die Hütte und er bat sie, mit ihm zu gehen, aber sie weigerten sich. Sie hatten Angst.

Der Mann und seine Frau gingen zu diesem kleinen Häuschen und betraten den Raum, wo der Mann und die Frau lagen, die seit drei Tagen tot waren. Er streckte einfach seine Hand im Namen des Herrn Jesus Christus aus, nannte den Namen des Mannes und den seiner Frau und sagte: „Im Namen des Herrn Jesus Christus befehle ich, dass das Leben in eure Körper zurückkehrt." Sofort setzten sich diese beiden heidnischen Menschen, die Jesus Christus nie als ihren Retter kennengelernt hatten, auf und begannen sofort, Gott zu loben. Der Geist und die Kraft Gottes kamen in das Leben dieser Menschen.

Für uns mag das seltsam und ein Phänomen sein, aber das ist der Anfang dieser Endzeitdienste. Gott wird die Taugenichtse, die Niemande, die Unbekannten, die Unberücksichtigten nehmen; er wird jeden Mann und jede Frau nehmen und ihnen diese Ausgießung des Geistes Gottes geben!

In der Apostelgeschichte lesen wir: „Und es wird geschehen in den letzten Tagen, spricht Gott, dass ich von meinem Geist ausgießen werde auf alles Fleisch".[2] Ich frage mich, ob wir erkannt haben, was Gott meinte, als er sagte, er werde seinen Geist über alles Fleisch ausgießen". Ich glaube, ich habe es nie ganz verstanden und konnte es auch nicht in seiner ganzen Fülle begreifen, aber dann las ich im Buch Joel: „Ihr Bewohner des Zionsberges, freut euch und jubelt über den HERRN, euren Gott! Er erweist euch seine Güte und schickt euch Regen wie zuvor, Frühregen im Herbst und Spätregen im Frühjahr".[3] Es wird nicht nur den Regen geben, den Früh- und den Spätregen, sondern er wird seinem Volk in diesen letzten Tagen eine doppelte Portion der Kraft Gottes geben!

Am Anfang der Vision befand ich mich plötzlich in einer großen Höhe. Wo ich war, weiß ich nicht. Aber ich blickte auf die Erde hinunter. Plötzlich kam die ganze Erde in mein Blickfeld. Jede Nation, jedes Geschlecht, jede Sprache kam vor meine Augen, vom Osten bis zum Westen, vom Norden bis zum Süden. Ich erkannte jedes

---

[2] Apg 2,17a.
[3] Joel 2,23 (GNB).

Land und viele Städte, in denen ich gewesen war, und ich war fast in Furcht und Zittern, als ich diesen großartigen Anblick vor mir betrachtete; und in dem Moment, als die Welt in Sicht kam, begann es zu blitzen und zu donnern.

Als die Blitze über die Erde zuckten, gingen meine Augen nach unten und ich konnte den Norden sehen. Plötzlich erblickte ich etwas, das wie ein großer Riese aussah, und als ich ihn anstarrte und betrachtete, war ich von seinem Anblick beinahe fassungslos. Er war so gigantisch groß! Seine Füße schienen bis zum Nordpol zu reichen und sein Kopf bis in den Süden. Seine Arme waren von Meer zu Meer ausgestreckt. Ich konnte zunächst gar nicht erkennen, ob dies ein Berg oder ein Riese war; aber als ich länger hinschaute, sah ich plötzlich einen großen Riesen. Ich konnte sehen, dass er ums Überleben kämpfte. Er wollte leben, aber sein Körper war von Kopf bis Fuß mit Schutt bedeckt. Ab und zu bewegte dieser große Riese seinen Körper und tat so, als wolle er sich aufrichten. Und wenn er das tat, schienen Tausende von kleinen Kreaturen wegzulaufen. Abscheuliche Kreaturen flüchteten vor dem Riesen, doch wenn er wieder still wurde, kamen sie zurück.

Plötzlich hob dieser große Riese die eine Hand zum Himmel hoch, dann hob er seine andere Hand, und dabei schienen diese Kreaturen zu Tausenden vor diesem Riesen in die Dunkelheit der Nacht hinein zu fliehen.

Langsam erhob er sich. Dabei reichten sein Kopf und seine Hände bis in die Wolken. Als er aufstand, schien er sich von allem Schmutz und Unrat befreit zu haben, der auf ihm lag. Er hob seine Hände in den Himmel, als wolle er den Herrn preisen, und dabei gingen sie bis zu den Wolken.

Plötzlich wurden alle Wolken silbern, das schönste Silber, das ich je gesehen habe. Als ich dieses Phänomen beobachtete, war es so großartig, dass ich nicht einmal ansatzweise verstehen konnte, was das alles zu bedeuten hatte. Ich war so aufgewühlt, dass ich zum Herrn schrie und sagte: „Oh Herr, was hat das zu bedeuten?" Und ich fühlte mich, als wäre ich tatsächlich im Geist, und ich konnte die Gegenwart des Herrn spüren, obwohl ich schlief.

Und aus diesen Wolken regnete es plötzlich große Tropfen flüssigen Lichts auf den mächtigen Riesen herab, und langsam, ganz langsam begann der Riese zu schmelzen und in die Erde zu versinken. Und während er schmolz, schien seine ganze Gestalt mit der Erde zu verschmelzen, und ein großer Regen begann herunterzukommen. Flüssige Lichttropfen begannen, die Erde zu überfluten, und während ich diesen Riesen beobachtete, der zu schmelzen schien, verwandelte er sich plötzlich in Millionen von Menschen auf der ganzen Erde. Als ich das beobachtete, standen überall auf der Welt Menschen auf! Sie hoben ihre Hände und lobten den Herrn.

Genau in diesem Moment gab es einen großen Donner, der vom Himmel zu dröhnen schien. Ich wandte meine Augen zum Himmel und sah plötzlich eine Gestalt in Weiß, in gleißendem Weiß – das Herrlichste, was ich in meinem ganzen Leben je gesehen habe! Ich konnte das Gesicht nicht sehen, aber irgendwie wusste ich, dass es der Herr Jesus Christus war, und er streckte seine Hand aus, und als er das tat, streckte er sie zu einem aus, dann zu einem anderen und so weiter. Und als er seine Hand über die Völker und Menschen der Welt – Männer und Frauen – ausstreckte und auf sie zeigte, schien dieses flüssige Licht aus seinen Händen in sie zu fließen, und eine mächtige Salbung Gottes kam auf sie, und diese Menschen begannen, im Namen des Herrn loszugehen.

Ich weiß nicht, wie lange ich das beobachtete. Es schien Tage, Wochen und Monate zu dauern. Und ich sah diesen Christus, der seine Hand immer weiter ausstreckte, aber es gab dabei eine Tragödie. Als er seine Hand ausstreckte, gab es viele Menschen, die die Salbung Gottes und den Ruf Gottes ablehnten. Ich sah Männer und Frauen, die ich kannte. Menschen, von denen ich glaubte, dass sie ganz sicher den Ruf Gottes annehmen würden. Aber als er seine Hand nach diesem und jenem ausstreckte, neigten sie einfach ihren Kopf und wichen zurück. Und alle, die sich neigten und zurückwichen, schienen in die Dunkelheit zu gehen, die sie alle zu verschlingen schien.

Ich war fassungslos, als ich das sah, aber auf diesen Menschen, die er gesalbt hatte – Hunderttausende von Menschen auf der ganzen Welt, in Afrika, England, Russland, China, Amerika, überall auf der Welt – lag die Salbung Gottes, als sie im Namen des Herrn loszogen! Ich sah diese Männer und Frauen, als sie sich auf den Weg machten. Sie waren Gräbenzieher, sie waren Wäscherinnen, sie waren reich, sie waren arm. Ich sah Menschen, die unter Lähmungen, Krankheiten, Blindheit und Taubheit litten. Als der Herr sich ausstreckte, um ihnen diese Salbung zu geben, wurden sie gesund, sie wurden geheilt, und auch sie machten sich auf den Weg!

Und das ist das Wunder daran – das ist das herrliche Wunder daran –, dass diese Menschen ihre Hände genauso ausstreckten, wie der Herr es tat, und es schien, als wäre das gleiche flüssige Feuer in ihren Händen! Während sie ihre Hände ausstreckten, sagten sie: „Auf mein Wort hin sollst du gesund werden."

Als diese Leute diese mächtigen Endzeitdienste weiter fortsetzten, war mir nicht ganz klar, was das war, und ich blickte zum Herrn hin und fragte: „Was hat das zu bedeuten?" Und er sagte: „Das ist es, was ich in den letzten Tagen tun werde. Ich werde alles wiederherstellen, was der Nager, die Heuschrecke und der Abfresser[4] *zerstört haben. Das, mein Volk, wird in der Endzeit passieren. Wie ein mächtiges Heer werden sie sich über die ganze Erde ausbreiten!"*

Da ich in dieser großen Höhe war, konnte ich die ganze Welt überblicken. Ich beobachtete die Menschen, wie sie auf der Erde hin und her gingen. Plötzlich war da ein Mann in Afrika, und in einem Moment wurde er vom Geist Gottes transportiert und war dann vielleicht in Russland oder China oder Amerika oder an einem anderen Ort, und umgekehrt. Auf der ganzen Welt machten sich diese Menschen auf dem Weg, und sie kamen durch Feuer, durch Seuchen und Hungersnöte, aber nichts davon schien sie aufzuhalten.

Wütende Mobs kamen mit Schwertern und mit Gewehren auf sie zu. Und wie Jesus gingen sie einfach durch die Menge hindurch und waren nicht mehr zu finden, aber sie gingen im Namen des Herrn weiter; und überall streckten sie ihre Hände aus und die Kranken wurden geheilt und blinde Augen geöffnet. Es wurde nicht lange gebetet.

Nachdem ich die Vision viele Male in meinem Kopf durchgegangen war und darüber nachgedacht hatte, ging mir auf, dass ich nirgends eine Kirche gesehen oder etwas von einer Denomination gehört hatte, sondern diese Menschen waren im Namen des Herrn der Heerscharen unterwegs! Halleluja!

---

[4] Vgl. Joel 1,4.

Während sie voranschritten, dienten diese Menschen in allem, was sie taten, den Menschenmassen auf der ganzen Erde. Zehntausende, ja sogar Millionen schienen zum Herrn Jesus Christus zu kommen, als diese Menschen auftraten und die Botschaft vom Reich Gottes, vom kommenden Königreich, in dieser letzten Stunde verkündeten. Es war sehr herrlich, aber anscheinend gab es auch solche, die rebellierten. Diese wurden zornig und versuchten, die Arbeiter anzugreifen, die die Botschaft verkündeten.

Gott wird der Welt in dieser letzten Stunde eine Demonstration seiner Macht erteilen, wie sie die Welt noch nie erlebt hat! Diese Männer und Frauen kommen aus allen Gesellschaftsschichten, akademische Grade werden nichts bedeuten. Ich habe diese Arbeiter gesehen, als sie über die Erde zogen. Wenn einer stolperte und fiel, kam ein anderer und hob ihn auf! Es gab kein großes Ich und kein kleines Du, sondern jeder Berg wurde erniedrigt und jedes Tal wurde erhöht, und sie schienen eines gemeinsam zu haben – eine göttliche Liebe, die aus diesen Menschen herauszufließen schien, als sie gemeinsam arbeiteten und gemeinsam lebten. Es war die herrlichste Nacht, die ich je erlebt habe. Jesus Christus war das Thema ihres Lebens. Sie machten weiter und es schien, als würden die Tage vergehen, während ich dastand und zusah. Ich konnte nur weinen, und manchmal lachte ich auch. Es war so wunderbar, wie diese Menschen über die ganze Erde zogen, um in dieser letzten Endzeit Gottes Werk zu tun.

Als ich vom Himmel aus zusah, gab es Zeiten, in denen große Mengen dieses flüssigen Lichts auf große Versammlungen zu fallen schienen, und diese Versammlungen hoben ihre Hände und lobten Gott scheinbar stunden- oder sogar tagelang, während der Geist Gottes über sie kam. Gott hat gesagt: „Ich werde meinen Geist auf alles Fleisch ausgießen", und genau darum geht es. Und jeder Mann und jede Frau, die diese Kraft, die Salbung Gottes empfingen, erlebten, dass die Wunder Gottes nie aufhörten.

Wir haben über Wunder gesprochen. Wir haben über Zeichen und Wunder gesprochen, aber ich konnte nicht anders, als zu weinen, als ich heute Morgen um 4 Uhr wieder den Brief unserer einheimischen Arbeiter las. Das ist nur der Beweis, dass es anfängt – dass ein Mann, ein „Taugenichts", ein Unbekannter hingeht und seine Hand ausstreckt und sagt: „Im Namen des Herrn Jesus Christus befehle ich, dass Leben in deinen Körper fließt." Ich fiel auf die Knie und begann wieder zu beten und sagte: „Herr, ich weiß, dass diese Zeit bald kommen wird!"

Und dann, als diese Menschen auf der Erde umherzogen, schien eine große Verfolgung von allen Seiten zu kommen.

Plötzlich gab es einen weiteren großen Donnerschlag, der um die ganze Welt zu hallen schien, und ich hörte wieder die Stimme, die Stimme, die zu sprechen schien: „Das ist mein Volk. Das ist meine geliebte Braut!" Und als die Stimme sprach, schaute ich auf die Erde und konnte die Seen und die Berge sehen. Die Gräber wurden geöffnet und Menschen aus der ganzen Welt, die Heiligen aller Zeiten, schienen aufzustehen. Und als sie sich aus den Gräbern erhoben, kamen plötzlich all diese Menschen aus allen Richtungen. Aus dem Osten und dem Westen, aus dem Norden und dem Süden, und sie schienen wieder diesen riesigen Körper zu bilden. Als die Toten in Christus zuerst aufzustehen schienen, konnte ich es kaum fassen. Es war so wundervoll! Es übertraf alles, was ich mir jemals hätte erträumen oder vorstellen können.

Aber als dieser Körper plötzlich anfing, sich zu formen und wieder Gestalt anzunehmen, nahm er erneut die Form dieses mächtigen Riesen an, der aber diesmal anders war. Er war in das schönste und prächtigste Weiß gekleidet. Seine Kleider waren ohne Flecken und Falten, als sich sein Körper zu formen begann, und die Menschen aller Zeitalter schienen sich in diesem Körper zu versammeln, und langsam, langsam, als er sich bis in den Himmel hinauf zu formen begann, kam der Herr Jesus und wurde zum Haupt, und ich hörte einen weiteren Donnerschlag, der sagte: „Dies ist meine geliebte Braut, auf die ich gewartet habe. Sie wird hervorkommen, wenn auch durch Feuer geprüft. Sie ist es, die ich von Anbeginn der Zeit geliebt habe!"

Während ich zusah, richteten sich meine Augen plötzlich auf den äußersten Norden und es sah nach Zerstörung aus: Männer und Frauen, die vor Angst schrien, und zerstörte Gebäude. Dann hörte ich die vierte Stimme, die sagte: „Jetzt wird mein Zorn über die ganze Erde ausgegossen." Von den Enden der ganzen Welt schien der Zorn Gottes ausgegossen zu werden, und es schien, als würden große Schalen des Zorns Gottes über die Erde ausgegossen werden. Ich kann mich daran erinnern, als wäre es erst gerade geschehen. Ich zitterte und bebte, als ich den furchtbaren Anblick sah, wie die Städte und ganze Völker ins Verderben stürzten. Ich konnte das Weinen und Wehklagen hören. Ich hörte die Menschen weinen. Sie schienen zu weinen, als sie in Höhlen gingen, aber die Höhlen in den Bergen öffneten sich. Sie sprangen ins Wasser, aber das Wasser wollte sie nicht ertränken. Es gab nichts, was sie töten konnte. Sie wollten sich das Leben nehmen, aber sie konnten es nicht.

Dann richtete ich meine Augen wieder auf diesen herrlichen Anblick, diesen Leib, der in wunderschön weiße, glänzende Gewänder gehüllt war. Langsam, ganz langsam hob er von der Erde ab, und dabei wachte ich auf. Welch wunderbare Dinge hatte ich da gesehen! Ich hatte die geistlichen Endzeitdienste gesehen – die letzte Stunde. Am 27. Juli, um 2.30 Uhr morgens, kam die gleiche Offenbarung noch einmal, die gleiche Vision, genau wie zuvor.

Mein Leben hat sich verändert, als ich erkannte, dass wir in dieser Endzeit leben, denn überall auf der Welt salbt Gott Männer und Frauen mit diesem Dienst. Er wird sich nicht um eine Lehre oder eine Kirche drehen, sondern um Jesus Christus. Sie werden die Worte des Herrn verkünden und sagen, die ich so oft in der Vision gehört habe: Auf mein Wort hin soll es geschehen.

Oh, mein Volk, höre auf mich. Entsprechend meinem Wort soll es geschehen. Wir werden mit der Kraft und der Salbung Gottes bekleidet sein. Wir werden keine Predigten mehr halten müssen, wir werden nicht mehr von Menschen in der Öffentlichkeit ausgelacht werden. Wir werden weder von Menschen abhängig sein, noch werden wir eine Denomination widerspiegeln – wir werden die Kraft des lebendigen Gottes haben. Wir werden niemanden fürchten, sondern im Namen des Herrn der Heerscharen gehen!

Tommy erzählt

1961 kam Tommy Hicks, ein Prediger der Assemblies of God, nach Pisgah. Ich hatte ihn schon einmal getroffen. Er bat mich, mit ihm entlang des Arroyo Seco River in Pasadena zu wandern. Von Pisgah aus waren es zwei Stunden hin und zwei Stunden zurück. Bruder Hicks war 1954 von Gott berufen worden, in Argentinien zu predigen. Auf unserem Spaziergang erzählte er mir von seiner Reise, auf der er auch Juan Peron, den Diktator, getroffen hatte. Hicks wollte ihn fragen, ob er den Radiosender und ein Stadion für eine Erweckungsversammlung nutzen könne. Nach vielen Schwierigkeiten gelang es ihm schließlich, ihn zu treffen.

Im Vergleich zu Bruder Hicks war Peron ein großer Mann. Perons Gesicht war von Wunden zerfressen und Bruder Hicks betete für seine Haut. Als Peron sein Gesicht mit einem Handtuch abwischte und dann in den Spiegel schaute, war er geheilt! Er gab Bruder Hicks gerne die Erlaubnis, eines der großen Stadien für seine Evangelisation zu nutzen. Er sagte: „Nein, du kannst die Radiostation nicht mieten; sie gehört dir. Du kannst das Stadion nicht mieten, es gehört dir. Meine Limousine bringt dich zum Stadion und holt dich ab!“

Während dieser Erweckung wurden zwischen 200.000 und 300.000 Menschen errettet. Tausende wurden geheilt. Bruder Hicks war derjenige, der anfing, sein weißes Taschentuch herauszunehmen und es über den Menschen zu schwenken; Gott heilte sie. In Argentinien gibt es eine lebensgroße Statue von ihm.

Bruder Hicks sagte mir, er werde bald wieder nach Pisgah zurückkehren. Demos Shakarian nahm ihn mit auf eine Reise um die Welt und schrieb ein Buch darüber. Aus dem „bald“ wurde ein Jahr; er kam 1962 nach Pisgah zurück. Meine Güte, ich war inzwischen 19 Jahre alt, aber er nahm mich wieder mit auf einen Spaziergang unten am Fluss und erzählte mir von dem Traum, den er gehabt hatte. Junge, da war ich ganz Ohr! Das gefiel mir. Die Endzeit-Erweckung!

Ich war in die Geschichte vertieft, bis er mich ansah und sagte: „Einer dieser Riesen, die aus dem Fluss kommen, wirst du sein, Tommy. Ich wurde peinlich berührt und spürte, wie ich im Nacken errötete.

Ich sagte ihm, nein, es würden Leute sein wie er, Branham, Shakarian, Smith, DePlessis, Coe und Allen. Er sagte: „Hör mir zu, nimm das nicht auf die leichte Schulter. Es ist kein Zufall, dass wir sogenannten Großen alle wollen, dass die Azusa-Heiligen uns ihre Geschichten erzählen. Sie werden es aber nicht tun. Was glaubst du, worum es in der Prophetie von Branham an dich ging? Als er sagte: „Du bist der Auserwählte, hab Geduld und sei gehorsam! Diese Heiligen haben sich zusammengetan, und es gibt nur eine Person, der sie ihre Geschichten erzählen werden. Sie erzählen sie diesem Jungen vom Land aus Oklahoma. Tommy, wir alle ... wir werden nicht dabei sein ... du wirst es sein. Warte auf Gottes Timing; es wird nicht deines sein. Es wird schwer für dich sein, geduldig zu sein, aber sei geduldig." Ich sagte okay.

Damals sagte Bruder Sines, das Geheimnis seien zwei Dinge: Geduld und Gehorsam. Das war das Gleiche wie das, was der Herr mir gesagt hatte. Das war nicht einfach, besonders für mich. Aber im Laufe der Jahre bin ich sehr geduldig geworden. Ich habe mich zurückgelehnt; Gott hat seine Zeit. Jahre später sagte mir Billye Brim, dass ich damals noch sehr jung war und alles erst später passieren würde.

Das hat mich immer verblüfft – all diese großen Männer und Frauen Gottes, die mir Dinge erzählen. Ich weiß, dass Gott auswählt, aber ich frage mich immer noch: Warum ich? Ich glaube, dass mein Gott alles gut geplant hat. Deshalb mache ich mir keine Sorgen. Halte inne und denke nach! Tommy Hicks hat mir 1962 erzählt, dass ich einer der Riesen war, die aus dem Fluss kamen. Das ist fast 60 Jahre her. Er sagte: „Wir werden nicht mehr hier sein." Keiner von ihnen ist mehr hier; sie sind alle tot. Aber ich bin hier!

Satan hat versucht, mich auszuschalten. Aber Gott benutzte mich bereits, als er das 2010 probierte. Das ist ein großartiges Zeugnis. Medizinisch gesehen war ich schon tot. Ich war ein wenig verwirrt. Mein Herz schlug nicht ... kein Puls. Ich saß da und sprach mit den Ärzten. Sie sagten, sie wüssten nicht, was los sei, aber sie würden mich operieren. Ich fragte, welche Chance ich hätte. Sie antworteten mir, ich hätte keine Chance und müsste eigentlich in der Leichenhalle liegen. Ich begann an den Himmel zu denken und fragte mich, ob ich nach Hause gehen würde. Noch nicht!

Ich kann Tommy Hicks jetzt noch genauso deutlich sehen wie damals, als er mir das prophezeite. Das alles fängt an, sich zu erfüllen! Die Prophetie wird sich erfüllen, sie ist nur noch nicht voll im Gange. Ich weiß nicht, wie sehr Gott mich gebrauchen wird. Ich glaube aber, dass dieses Buch einen großen Einfluss in Israel und auf der ganzen Welt haben wird. Vor allem aber wird in Israel eine Erweckung ausbrechen, und zwar im großen Stil. Wir waren in Israel zu Gottes perfektem Zeitpunkt. Ich habe gewartet, bis ich die Erlaubnis von Gott bekam. Warte auf Gottes Timing, und warte auf die richtige Person.

Mach die Leute hungrig. Einen echten Hunger. Es fängt langsam an. In verschiedenen Diensten. Der Berg ist seit einiger Zeit am Schmelzen. Die Ströme fließen schon. Jetzt fangen Einzelne an, aus dem Fluss herauszusteigen. Die Wunder geschehen schon an bestimmten Orten auf der Welt. Aber sie werden mehr und mehr explodieren! Wir müssen die Menschen dazu bringen, das zu glauben. Viele Menschen kommen zu mir und wollen eine Gabenübertragung haben. Menschen aus der ganzen Welt. Ein Pastor kam aus Afrika, um mich zu treffen. Er sagte, er wolle meine Salbung, damit er zurück nach Afrika gehen und Gott die Menschen von Ebola heilen könne. Schon viele wurden durch diesen Mann geheilt. Deshalb laden mich die Leute überall ein, um die Salbung zu empfangen.

Einmal war ich an der Goldküste Australiens bei einem Treffen. Ich habe für einen Mann gebetet, der hinkte. Sie mussten ihn die Treppe hinuntertragen. Er war bei einem Motorradunfall verletzt worden, und sie mussten ihm Stäbe einsetzen, um seine Beine zusammenzufügen. Stahlstäbe, die durch seine Knie gingen. Ich betete für ihn und betete dann weiter für andere Menschen. Als ich fertig war, setzte ich mich hin und schaute hoch. Ich sah, wie der Mann die Treppe rauf und runter lief – rannte. Er rannte auf und ab und schrie dabei. Er rannte zurück zu mir und zog seine Hosenbeine hoch, um mir seine Beine zu zeigen. Ich fragte: „Was ist passiert?" Er erzählte mir, er habe bisher die Treppe weder hoch- noch runtergehen können. Er musste getragen werden. Jetzt konnte er laufen, weil die Stäbe verschwunden waren! Ich würde das als ein Wunder bezeichnen, wie es in der Azusa Street geschah.

Ich wurde nach Arlington, Virginia, eingeladen. Ein Mann hatte eine Privatschule gekauft. Es war keine christliche Schule, aber der

Mann war im Bereich Religion tätig. Zuvor war er zu mir gekommen, und seine Frau war geheilt worden. Er wusste, dass er eine Salbung erhalten hatte, eine Übertragung. Der Mann sagte, er werde meine Reise nach Virginia bezahlen, wenn ich in die Schule käme. Er fragte mich, was nötig wäre, damit in dieser Schule eine Erweckung ausbrechen würde. Ich sagte: „Ein unbestreitbares Wunder. Jeder weiß dann, dass es Gott war, wenn diese bestimmte Person geheilt wird." Der Mann sagte, er habe jemanden.

Es gab dort einen 18-jährigen jungen Mann, der in seinem letzten Schuljahr war. Er war extrem o-beinig und konnte kaum gehen. Ich fragte ihn, wie alt er gewesen sei, als es anfing. Er sagte, er sei etwa 4 Jahre alt gewesen. Ich sagte: „Jetzt wirst du ein Wunder erleben!" Wir stellten zwei Sitze einander gegenüber. Ich saß auf dem einen, er auf dem anderen. Ich sagte ihm, er solle seine Hände in meine Hände legen und sagte: „Jetzt wollen wir sehen, wie Gott ein Wunder tut." Ich tat einfach nur, was Gott mir sagte. Seine Füße begannen zu zucken. Es dauerte etwa 15 Minuten. Nach und nach drehten sich seine Füße nach innen. Sie kamen zusammen, und ich fragte ihn, ob er seine Füße bewegen könne. Er sagte ja. Ich fragte ihn, ob er schon einmal gerannt sei. Er sagte: „Nein. Du hast doch gesehen, wie schwer es für mich ist, zu laufen." Er hatte eine Freundin; sie weinte. Viele Jungen und Mädchen schrien: „Seht euch das an!" Ich fragte, ob sie einen Ort hätten, wo er rennen könne.

Es gab einen 60 m langen Gang, also bat ich die Leute, aus dem Weg zu gehen und schickte ihn los. Er drehte drei Runden hin und zurück. Unnötig zu sagen, dass sie eine Erweckung hatten! Diese Leute hatten keinerlei Ausbildung oder Lehre in Sachen Heilung. Gott hat das getan. Ich sagte dem jungen Mann: „Hör mir zu, morgen werden diese Füße versuchen, sich wieder nach innen zu biegen, aber du hast die Autorität darüber, ihnen zu befehlen, damit aufzuhören. Durch seine Wunden wurdest du geheilt.[5] *Und wenn du es wurdest, dann bist du es immer noch! Satan wird versuchen, es dir zu stehlen." Die Leute dort fragten sich, warum Gott so lange brauchte, um den Jungen zu heilen. Ich sagte ihnen, er wollte, dass alle es sehen.*

---

[5] Vgl. Jesaja 53,5.

Vor Kurzem war ich in Chile bei einer Versammlung. Ich sagte dort immer wieder, Gott werde die kleinen Kinder gebrauchen. Der Pastor der Kinderkirche fragte sich, warum niemand den Kleinen diente. Der Prediger brachte die Kinder auf die Bühne, auf der ich stand. Sie rannten einander fast um und versuchten, dort hinaufzukommen. Sie wollten mein Gesicht berühren. Es gab ein Mädchen mit etwa zehn Jahren, das gelähmt war. Über den Dolmetscher sagte ich dem Vater, er solle sie auf meinen Schoß setzen. Er tat es und sie lag einfach da und beobachtete mich. Ich lächelte und flüsterte ihr ins Ohr: „In der Bibel steht, dass du geheilt bist!" Dann brachten sie sie zurück zu ihrem Platz.

Nicht viel später machten wir eine Pause. Ich wollte auf die Toilette gehen. Es gab dort einen steilen Hügel, den die meisten Leute nicht hinaufgehen konnten. Ich schätze, mindestens die Hälfte der Leute dort konnte ihn nicht hochgehen. Es gab eine Treppe, aber ich konnte nicht so viele Stufen steigen, weshalb sie mich jedes Mal hoch und wieder runter gefahren haben. Als ich aus der Toilette kam, schaute ich über die Einfahrt und da stand das kleine Mädchen mit ihren Eltern. Ich war wie erstarrt. Da kam sie über die Straße zu mir gelaufen! Sie machte mir ein Zeichen, mich zu bücken, was ich auch tat, und sie küsste mich auf die Wange. Sie sagte etwas; ich sah den Dolmetscher an und fragte, was das Mädchen gesagt habe. Sie sagte: „Ich werde den Hügel hinaufgehen." Sie ging den Hügel hinauf! Sie setzten mich in den Bus, damit ich sehen konnte, was passierte, aber ich weinte so sehr, dass ich nichts sehen konnte. Als sie oben ankam, fing sie an, auf und ab zu springen und etwas zu schreien. Ich fragte, was sie rief. Der Dolmetscher sagte: „Bruder Tommy, sie sagt: ‚In der Bibel steht, dass ich geheilt bin!"

Das brachte die Erweckung endgültig in Gang! Ich sagte: „Hört zu, Leute, ich habe sie nicht geheilt. Ich habe nur der Bibel gehorcht und für sie gebetet. Die Salbung hat die Arbeit getan. Meine einzige Lehre ist: „Diese Zeichen werden folgen." Ich hatte nur etwa zehn Minuten gesprochen und dann Gebet angeboten. Die anderen beiden Lehrer ließen das Predigen sein und gingen gleich zum Gebet für die Kranken über. Wir sollten nie aufhören, für die Kranken zu beten. Was ist der Sinn von Wundern? Sie sind für die Ungläubigen. Viele Tausende kamen während der Heilungsevangelisationen zu

Gott. Tausende gaben ihr Leben Jesus, als sie diese Wunder sahen. Wir hatten Wunder in Hülle und Fülle!

Bruder Dave und einige der anderen Leute dort weinten. Später fragte ich sie, warum sie geweint hätten. Sie sagten, mein Gesicht habe geleuchtet, als ich dort oben die Azusa-Geschichten erzählt hätte. Deshalb wollten die Kinder auch auf die Bühne gehen und mein Gesicht berühren. Das kleine Mädchen war das eine übernatürliche, unbestreitbare, unleugbare Wunder. Die Schechina-Herrlichkeit fällt auf Chile! Ich könnte Bücher mit all den einzigartigen Wundern füllen, die ich erlebt habe. Ich bin um die Welt gereist und habe Hunderte von Wundern gesehen. Auch Jody hat durch ihre Gebete sehr viele erlebt! Das ist ein Grund, warum der Herr uns zusammengebracht hat. Ich weiß, dass die Salbung der Azusa-Street-Heiligen für Jody bestimmt ist. Gott benutzt sie mächtig, und auch sie ist Teil der Tommy-Hicks-Prophetie. Ich gebe meinen Mantel an sie weiter. Es wird eine Ausgießung von Gottes Geist in Israel und auf der ganzen Welt geben. Es wird etwas sein, das wir noch nie erlebt haben. Die Braut Christi wacht auf – die Riesen erheben sich aus dem Fluss!

~~~~~~~

Wenn wir auf diesen kalten Novembermorgen 2019 zurückblicken, verstehen Tommy und ich jetzt, was der Heilige Geist zu mir gesprochen hat. Er weckte mich mit diesen prophetischen Worten, um mich auf das vorzubereiten, wozu er mich berufen hatte. Es war Teil der Tommy-Hicks-Prophezeiung. „Das Geräusch von brennendem Wasser" ist das flüssige Feuer, das fällt, die flüssigen Lichttropfen, die vom Herrn auf sein Volk übergingen. Diese Salbung wird dazu da sein, um die Kranken, die Verzweifelten und die Verlorenen zu heilen. „So rein wie Ysop" bedeutet, dass die Gemeinde, die Braut Christi, gereinigt und auf seine Wiederkunft vorbereitet wird. In der Bibel wurde Ysop verwendet, um die Türrahmen der Israeliten zum Schutz mit Blut zu besprengen, damit der Zerstörer die Erstgeborenen der Familie nicht töten konnte. Laut Johannes wurde Ysop auch in Weinessig getaucht, um Jesus etwas zu trinken zu geben, als er am Kreuz hing. Gott ruft uns zu einem tieferen Weg der Umkehr und Hingabe auf. Bei der „Wiederherstellung der Riesen" geht es
~~~~~~~

um den Überrest, der aus dem Fluss aufsteigt. Wir sind diejenigen, die er wiederherstellt und beruft, in die ganze Welt zu gehen. Wir sind der Überrest Christi, den er auf übernatürliche Weise für Zeichen und Wunder einsetzen wird!

Wir – du, Tommy und ich – sind die Gemeinde. Wir sind die Riesen, die das Evangelium auf der ganzen Welt verbreiten! In dieser Endzeit sind wir aufgerufen, vom lebendigen Wasser Gottes zu trinken und dann in die ganze Welt zu gehen und seine Gute Nachricht zu verkünden. Wir alle haben eine Aufgabe und eine Bestimmung zu erfüllen!

Der Herr hatte meinen Teil der Geschichte schon Jahre vor meiner Geburt in das Gesamtbild eingewebt. Was für eine Ehre, an der Seite von Tommy zu gehen, der wirklich einer der Riesen ist. Es ist so demütigend zu wissen, dass Gott in dieser Endzeit-Erweckung einen Plan für mich hat. Und er hat auch einen Plan für dich! Spring in seinen Strom! Gott sei die Ehre!

Entsündige mich mit Ysop, und ich werde rein sein; wasche mich, und ich werde weißer sein als Schnee (Ps 51,9 NIV).

Denn niemals wurde eine Weissagung durch den Willen eines Menschen hervorgebracht, sondern von Gott her redeten Menschen, getrieben von Heiligem Geist (2 Petr 1,21).

Und er hat die einen als Apostel gegeben und andere als Propheten, andere als Evangelisten, andere als Hirten und Lehrer, zur Ausrüstung der Heiligen für das Werk des Dienstes, für die Erbauung des Leibes Christi, bis wir alle hingelangen zur Einheit des Glaubens und der Erkenntnis des Sohnes Gottes, zur vollen Mannesreife, zum Maß der vollen Reife der Fülle Christi (Eph 4,11-13).

Es gibt nur zwei Tage in meinem Kalender. Dieser Tag und jener Tag.

Martin Luther

Gottes Volk soll überall seinen Plan erkennen und ihn in tiefer, echter Demut suchen. Dann wird er sich selbst und seinen Plan offenbaren. Ein Mensch, der die wahre Kraft Gottes in sich trägt, kann mehr tun als tausend, die auf eigene Faust gehen. Nur die, die Gott und seiner aktuellen Botschaft treu und loyal sind, werden an diesem großen Sieg teilhaben. Diejenigen, die sich wirklich demütigen und der Prüfung standhalten, wird Gott benutzen, um sein Werk zu tun.

William H. Durham

SCHLUSS

Wir glauben

Und Jesus trat zu ihnen und redete mit ihnen und sprach: Mir ist alle Macht gegeben im Himmel und auf Erden. Geht nun hin und macht alle Nationen zu Jüngern, und tauft sie auf den Namen des Vaters und des Sohnes und des Heiligen Geistes, und lehrt sie alles zu bewahren, was ich euch geboten habe! Und siehe, ich bin bei euch alle Tage bis zur Vollendung des Zeitalters (Mt 28,18-20).

Das Feuer, das an Pfingsten fiel, blieb nicht in diesem Obersaal. Dieser Strom des Feuers Gottes begann als kleines Rinnsal, weitete sich aus und wurde dann zu einem reißenden Strom. Der Heilige Geist wehte durch die Nationen und veränderte die Herzen und Gedanken von Milliarden von Menschen. Er ist das lebendige Feuer, das jetzt alle Gläubigen erfassen will.

Ich glaube, es gibt einen Grund dafür, dass du dieses Buch in den Händen hältst. Du bist nicht zufällig an diesem Punkt angekommen. Diese Geschichten sind nicht nur Geschichte. Es geht nicht darum, die Vergangenheit aufleben zu lassen, sondern sie zu ehren. Wir sind nicht hier, um die Geschichten anderer Menschen zu erzählen, sondern um unsere eigenen Geschichten zu erleben und aufzuschreiben. Das Feuer, das in Jerusalem seinen Anfang nahm und in Azusa wieder aufflammte, ist angeschwollen. Jetzt ist es an der Zeit, in unserer Autorität und Kraft zu wirken. Es ist an der Zeit, dass wir glauben, dass uns alles möglich ist!

Bleibe standhaft wie die Heiligen von Azusa, denn du weißt, dass der Himmel antworten wird. Sei demütig und tue Buße; habe

Vertrauen. Das Gebet ist einer der Schlüssel zur Erweckung – damit sich jene Riesen aus dem Fluss erheben. Das Volk Gottes muss auf den Knien sein. Rufe zu Gott, dass er dir hilft, seinem Plan für dein Leben zu folgen. Nimm diesen Plan an. Mach dich stark für ihn und vollbringe mächtige Taten in Jesu Namen. Lass seine leise Stimme die lauteste Stimme in deinem Leben sein!

Tommy sagte: „Mein Gott hat alles vorbereitet. Deshalb mache ich mir keine Sorgen. Ich bete und überlasse es dann Gott; es ist nicht mehr mein Problem. Es gibt immer einen Weg. Ich habe noch nie erlebt, dass der Glaube versagt, nicht ein einziges Mal. Möge der Heilige Geist uns einen neuen Glauben an Gottes Macht schenken. Mögen wir einen lebendigen Glauben haben, der es wagt, ihm zu vertrauen und zu bekennen, dass wir glauben. Das größte Wunder ist die Errettung. Im Himmel gibt es viel Platz."

Erweckung verändert alles. Sie kann uns etwas kosten und unbequem sein – unsere egoistischen Wünsche werden irrelevant. Es gibt keinen Platz für Stolz und Ego. Erweckung bringt deinem alten Leben den Tod; neues Leben entsteht. Gott möchte, dass eine Quelle in deinem Leben fließt. Ein Strom der Heiligkeit, der Kraft und der Barmherzigkeit – aus dir werden Ströme von lebendigem Wasser fließen! Wir haben in jeder Stadt, die wir in Israel besucht haben, gebetet und im ganzen Land die Hände erhoben, damit Erweckung in diese wunderbare Nation kommt. Da wir um Erweckung beten, müssen wir auch bereit sein für das, was Gott dann tut. Erweckung ist nicht länger eine Frage – sie findet statt. Heute erleben Israel und andere Nationen ein unglaubliches Handeln Gottes. Der Überrest ist erwacht; die Riesen erheben sich! Mach dich bereit für mehr Zeichen und Wunder!

Tommy sagte: „Die Prophetien der Endzeit-Erweckung beginnen, wahr zu werden. Die Prophetien von Seymour, Wigglesworth, Parham, Hicks und anderen werden sich erfüllen. Du wirst sehen, wie das überall auf der Welt geschieht. Ich liebe diese Zeugnisse der Heiligen aus der Azusa Street. Die Apostelgeschichte ist das einzige Buch in der Bibel, das kein „Amen" hat. Das liegt daran, dass sie nie zu Ende gegangen ist. Sie erzählt die Taten der Apostel; wir befinden uns noch immer in diesem Buch. Ich finde, wir sollten die Taten aufschreiben und drucken. Ich glaube nicht, dass Gott damit fertig ist."

Und so fließen die Ströme zusammen – Zion, Azusa, Oklahoma, Kentucky. Seit Anbeginn der Zeit hat Gottes Hand unsere Schritte gelenkt. Seine große Liebe zu uns übersteigt alles Verstehen. Es gibt keine Liebe wie seine, kein Mitgefühl wie seines. Der Wunsch, geliebt zu werden, ist der Schrei eines jeden menschlichen Herzens. Er hört deinen Schrei. Bist du bereit? Jesus wartet auf dich. Möge der Herr uns eine neue Vision über sich selbst schenken, eine frische Berührung mit dem göttlichen Leben und seiner Gegenwart.

Es war mir eine Ehre und ein Vorrecht, unsere Reise mit dir zu teilen. Mögen dich die Geschichten der Azusa-Heiligen und die wundersamen Taten Gottes segnen. Mögen die Visionen, die der Heilige Geist Tommy in Israel schenkte, Freude und den Hunger nach Erweckung in dein Leben bringen. Und möge eine Sehnsucht in dir aufsteigen, Gottes Heiliges Land zu besuchen!

Unsere Zeit im Heiligen Land ist vorbei. Aber es ist noch nicht das Ende. Das Beste liegt noch vor uns! Wie wir sagen: „Nächstes Jahr in Jerusalem!“

Gebt acht, ich komme bald, und euren Lohn bringe ich mit.
Jeder empfängt das, was seinen Taten entspricht.
Ich bin das A und das O,
der Erste und der Letzte,
der Anfang und das Ende
(Offb 22,12-13 GNB).

Jeschua Ha-Maschiach

Weitere Produkte von GloryWorld-Medien

„Himmlische Bücher für die Erde"

Tommy Welchel und Michelle P. Griffith

Wahre Geschichten und Wunder der Azusa Street

Eine der größten Erweckungen der Geschichte, die heute wieder aktuell ist; 200 S., Pb.

Tommy Welchel besuchte in den 1960er-Jahren die Leute, die als Jugendliche wesentlich an einer der größten geistlichen Erweckungen beteiligt waren – der Azusa-Street-Erweckung. Sie erzählten ihm aus erster Hand, welche außergewöhnlichen Wunder und Heilungen sie damals erlebten, wenn sie für Menschen beteten.

Erst vor Kurzem gab Gott dem Autor die Erlaubnis, diese Geschichten in Buchform zu veröffentlichen. Inzwischen werden sie auf der ganzen Welt erzählt und die Folgen sind immer noch erstaunlich: Wunderbare Heilungen, übernatürliche Phänomene und Lösungen für das Unmögliche.

Jonathan Welton, Die Schule der Seher

Eine praktische Anleitung, wie man ins Unsichtbare hineinsehen kann; 224 S.; Pb.; Vorwort von Randy Clark

Viele Christen haben angefangen, übernatürliche Phänomene zu erleben: Träume, (offene) Visionen, Engel oder Dämonen. Aber es mangelt ihnen an solider biblischer Lehre und sie sind zu dem geworden, was man als *Seherwaisen* bezeichnet: Sie suchen verzweifelt nach jemandem, der sie trainiert, ermutigt und freisetzt.

Das Ziel von Jonathan Welton war deshalb, ein praktisches Handbuch herauszubringen, das den Leib Christi mit den Informationen ausrüstet, die notwendig sind, um in der Dimension des Prophetischen bzw. des Sehers zu wachsen und im Leben im Übernatürlichen Reife zu erlangen.

Dr. Charity Virkler-Kayembe / Dr. Mark Virkler

Höre Gott durch deine Träume

Gottes Reden in der Nacht verstehen; 288 S., Pb.

In der Bibel finden wir sehr viele Beispiele für Gottes Reden durch Träume. Auch heute möchte er uns durch Träume wichtige Botschaften zukommen lassen. Doch beachten wir sie oft wenig oder wissen nicht, wie sie zu deuten sind.

Diesem Missstand möchte dieses Buches abhelfen. Die Autoren haben sehr viele Erfahrungen im Umgang mit Gottes Reden gesammelt. Das Buch ist ein praktischer, leicht verständlicher und biblischer Leitfaden, um die Sprache zu verstehen, die Gott in unseren Träumen benutzt.

Bill Johnson / Randy Clark, Berufen zu heilen I

Grundlagen und Praxis des Gebets für Kranke, 240 S., Pb.

Jeder Christ kann von Gott gebraucht werden, um anderen Heilung zukommen zu lassen. Das ist das Anliegen der beiden Autoren. Dazu berichten Sie, wie Gott sie in den Heilungsdienst hineinführte, und legen anschließend klare biblische Grundlagen für das Heilungsgebet. Im umfangreichsten Teil gehen sie auf verschiedene Aspekte ein, die für eine Heilung förderlich sind, erläutern, wie seelische und körperliche Krankheiten zusammenhängen und stellen dann ein in der Praxis bewährtes Modell für das Gebet um Heilung vor, das für alle Christen leicht anwendbar ist.

Blake K. Healy, Durch den Schleier sehen

Eine Einladung in die unsichtbare Welt; 176 S. Paperback

Blake K. Healy sieht Engel und Dämonen seit seiner Kindheit – und zwar so klar wie natürlich sichtbare Dinge. Er sieht zum Beispiel Engel in Anbetungsgottesdiensten tanzen und Ermutigungsworte in die Ohren von Menschen flüstern, doch genauso sieht er auch Dämonen, die sich an Leute heften und so Abhängigkeiten, Lügen und Bitterkeit in deren Herzen und Gedanken aufrechterhalten.

In diesem Buch erzählt er einige dieser Begegnungen und wie er in dieser Gabe reifte und dabei die Angst und Verwirrung über die Dinge, welche er sah, überwand. Und ebenso, und wie er lernte, die Gabe des Sehens zu Gottes Verherrlichung zu nutzen und andere darin zu lehren.

„Ich wollte nicht, dass dieses Buch jemals endet!" (Bill Johnson)

Blake K. Healy, Unzerstörbar

Führe deine geistlichen Kämpfe aus der Perspektive des Himmels; 192 S., Pb.

Welche Fallen und Taktiken wenden Dämonen an, und wie können wir diese meiden?

Blake K. Healy kann schon seit seiner Kindheit Engel und Dämonen sehen. Dieses Buch fasst zusammen, was er in über dreißig Jahren über die Pläne des Feindes und ebenso die des Himmels gelernt hat.

Wir lernen, wie wir die Komplotte, Pläne und Lügen des Feindes aufdecken und abwehren können und gleichzeitig die Pläne des Himmel vorantreiben können.

Sein Hauptanliegen ist dabei, dass wir den geistlichen Kampf nicht aus eigener Kraft, sondern aus der Perspektive des Himmels führen, und ein Leben aufbauen, das unzerstörbar ist.

Dann können wir in unserem Umfeld – unserem Wohnviertel, unseren Schulen, Städten und Ländern – zu einem Leuchtfeuer der Herrlichkeit Gottes werden.

Beni Johnson, Der glückliche Fürbitter

Mit Gott die Welt bewegen, ohne die Freude zu verlieren

Vorwort von Bill Johnson; 180 S., Paperback

Beni Johnson (die Frau von Bill Johnson) nimmt uns mit auf ihre Reise von einer schüchternen Person zu einer kühnen, aber glücklichen Fürbitterin. Gott offenbarte ihr einen Weg, wie sie aus seiner Gegenwart und seiner Liebe heraus in Einklang mit seinem Herzen effektiv beten kann.

Fürbitte muss nicht dazu führen, dass uns die Anliegen, für die wir beten, unter Druck bringen oder emotional beeinträchtigen. Den Himmel auf die Erde zu holen, kann sogar regelrecht Spaß machen. Unmögliches wird plötzlich möglich – ob es dabei um „kleine" Dinge in unserem persönlichen Umfeld geht oder um die Veränderung des geistlichen Klimas über unseren Städten und Nationen.

Erica Willis, Kühn glauben

Wie einfaches, zuversichtliches Gebet das Übernatürliche freisetzt; 216 S.; Paperback

Lange Zeit dachte Erica Willis, die ganzen übernatürlichen Erfahrungen, wie Prophetie, Heilung, Wunder usw., seien nur etwas für „Superchristen".

Bis Gott ihr einen Weg zeigte, wie sie trotz ihres Eingespanntseins in Familie, Beruf und Gemeinde ihre Beziehung zu ihm so vertiefen konnte, dass diese Erfahrungen ganz natürlich zu einem Teil ihres Lebens wurden.

In diesem Buch erzählt sie auf kurzweilige Art ihre Geschichte und Erlebnisse. Entstanden ist eine praktische Anleitung für alle, die sich nach einer tieferen Beziehung zum Heiligen Geist sehnen.

James Goll

Die Gaben des Heiligen Geistes freisetzen

216 S., Paperback

Der Heilige Geist demonstriert Gottes übernatürliche Kraft durch seine Gemeinde heute, indem seine Herrlichkeit auf globaler Ebene freigesetzt wird. Alle Gaben Gottes sind immer noch voll funktionsfähig, und jeder einzelne Gläubige ist dazu bestimmt, im Fluss Gottes zu leben und seine Bestimmung zu erfüllen.

James Goll zeigt auf, wie der Heilige Geist durch die neun bekanntesten Geistesgaben wirkt und wie wir sie unter Gottes Leitung für die Erfüllung des Missionsbefehls einsetzen können.

Anhand vieler anschaulicher Beispiele aus der Bibel und aus der Gegenwart lernen wir, wie geistliche Gaben in der Praxis funktionieren. Aber es geht in diesem Buch nicht nur darum, wie man seine geistlichen Gaben entdeckt oder empfängt, sondern wie man sie freisetzt und weitergibt!

Michele Perry, Liebe hat ein Gesicht

Abenteuer mit Jesus im Krisengebiet des Sudan – auf einem Bein!; Vorwort von Heidi Baker; 220 S., Paperback

Ohne linke Hüfte und linkes Bein geboren, ist es für Michele Perry „normal", das Unmögliche zu erleben. Als Gott ihr den Auftrag gab, in den vom Krieg verwüsteten südlichen Sudan zu gehen und dort ein Waisenhaus zu eröffnen, hielten sie alle für verrückt. Aber sie erlebte Gottes Treue wie nie zuvor: Er führte sie in einen entspannten Lebensstil des Geliebtseins hinein, in dem alles möglich wird und Wunder zum Alltag gehören, ob es um seelische oder körperliche Krankheiten, mangelnde Ressourcen, Bedrohungen durch Kriminelle oder ihre eigenen Unzulänglichkeiten geht.

Rebecca Weisser, Die vier Gesichter des Vaters

Wie sich Gottes Charakter in seinen Söhnen und Töchtern entfaltet; 120 S., Paperback

Im Buch Hesekiel und in der Offenbarung werden die vier „lebendigen Wesen" vor dem Thron Gottes beschrieben, deren Gesichter denen eines Löwen, eines Adlers, eines Stiers und eines Menschen gleichen. Sie sind in ständiger Anbetung und spiegeln verschiedene Charaktereigenschaften von Gott, dem Vater, wider.

Rebecca Weisser untersucht diese Eigenschaften Gottes, führt uns aber darüber hinaus in praktischen Übungen selbst vor den Thron Gottes, wo wir mit diesen Wesen zusammen unseren Gott anbeten können, sodass sein Charakter auf uns übergeht.

Frank Krause, Die neun Schleusen des Herzens

160 S., Paperback

Wie geschieht es, dass die Verheißung Jesu, dass aus unserem Innern Ströme von lebendigem Wasser fließen werde, wenn wir an ihn glauben, zu unserem normalen Erleben wird? Dass andere uns als Quelle und nicht als Zisterne, als Oase und nicht als Wüste wahrnehmen?

Als Frank Krause diese Frage vor Gott bewegte, ließ dieser ihn im Geist sein eigenes Herz sehen und durchwandern. Er zeigte ihm, dass unser Herz neun „Schleusen" hat, entsprechend den neun Aspekten der Frucht des Geistes.

Diese Schleusen wollen in uns geöffnet und freigesetzt werden, damit der Geist mit ganzer Kraft durch uns strömen kann und wir mit seiner Frucht überfließen. Nun können wir auch anderen helfen, diese Fülle zu erleben, sodass in der Folge echte Gemeinschaften der Heiligen entstehen.

Henk Bruggeman

Das Herz des Vaters entdecken

Unsere Identität als Söhne und Töchter Gottes empfangen

200 S.; Paperback

Gott sehnt sich mehr denn je danach, seinen Kindern sein Vaterherz zu offenbaren. Er möchte, dass wir ihn nicht nur mit dem Kopf, sondern vor allem mit dem Herzen kennenlernen. Statt einer Distanziertheit soll eine innige Vertrautheit unsere Beziehung zu ihm prägen. Darüber hinaus möchte er uns aber eine neue Identität schenken: die Identität der Sohnschaft. Wir entdecken mehr und mehr, wie wir als echte Söhne und Töchter Gottes leben können.

Wayne Jacobsen, Geliebt!

Tag für Tag in der Zuneigung des himmlischen Vaters leben

240 S., Paperback

Jeden Tag ein Leben zu führen, in dem wir völlig sicher sind, dass wir bedingungslos von Gott geliebt sind – ist das wirklich möglich, und wie sieht das konkret aus?

Wayne Jacobsen bringt uns Schritt für Schritt nahe, wie tief die Liebe Gottes zu uns tatsächlich ist. Wir entdecken dabei, dass wir nicht zu Sklaven, sondern zu Söhnen und Töchtern berufen sind. Die liebevolle Zuneigung unseres Vaters im Himmel gilt uns in allen Umständen. Wir erfahren eine lebendige Beziehung zu ihm, die uns von der Qual der Scham befreit und uns so verändert, dass wir als seine Kinder leben können.

Luc Niebergall, Eine zeitlose Reise

Wie ich den Himmel erkunden und meine Identität empfangen durfte; 144 S., Paperback

Ab dem Alter von 16 Jahren wurde Luc Niebergall eine unglaubliche „Reise" in die Herrlichkeit der Person Jesu zuteil. Durch prophetische Begegnungen durfte er den lebendigen Gott erfahren.

Nach acht Jahren Visionen, Träumen und himmlischen Begegnungen hatte er den Eindruck, Gott wolle, dass er einiges von dem, was er ihm gezeigt hatte, in Form von Geschichten in einem Buch niederschreibt.

Dieses Buch ist ein Aufruf an die Söhne und Töchter Gottes, ihr volles Erbe zu empfangen, das darin besteht, in einer ewigen, intimen Beziehung zu Gott selbst zu leben.

Begegnen wir der intimen Liebe Gottes, des Vaters, fällt die falsche Identität der Waisenschaft von uns ab. Wir werden zu siegreichen Söhnen und Töchtern, welche den Nationen Heilung und Wiederherstellung bringen.

James Goll

Geistlich wahrnehmen und unterscheiden

Wie wir Offenbarungen empfangen, prüfen und anwenden können; 216 S.

James Goll erklärt, dass jeder Nachfolger Jesu geistliche Offenbarungen empfangen und prüfen kann, auch wenn einige als Propheten besonders begabt sind. Er legt präzise dar, wie wir unsere Sinne dem Heiligen Geist hingeben können, damit wir geistlich wahrnehmen können.

Und er erläutert, wie wir Offenbarungen prüfen, anwenden und letztlich verinnerlichen können, damit die Menschen sie nicht nur hören, sondern in uns sehen.

Für das vertiefte Studium ist ein Arbeitsbuch erhältlich.

Matthias Hoffmann, Gehimmelt leben

Den Himmel in unseren Alltag holen; 216 S., Paperback

Gehimmelt leben ist ein neuer Zugang zu einem alltagstauglichen Lebensstil der Intimität und Kraft aus der unmittelbaren Gegenwart Gottes, dort, wo sich Himmel und Erde berühren.

Das Buch strahlt eine tiefe, vertraute Freundschaft mit Abba-Vater aus. Es lädt ein, Altbekanntes aus einer anderen Perspektive zu betrachten und eigene beglückende Himmels-Erfahrungen zu sammeln.

Ein Buch für Tiefgänger, Fragensteller und Weiterdenker, das darauf wartet, im Alltag von jedem Leser persönlich weitergeschrieben zu werden.

Matthias Hoffmann

Gemeinschaft der Erwartungsvollen

Exodus und Metamorphose der Gemeinde Jesu in unseren Tagen; 176 Seiten, Paperback

Die Gemeinde Jesu befindet sich derzeit in einer Phase der Verwandlung. Weltweit verlassen Tausende ihre bisherigen kirchlichen Strukturen. Sie wollen nicht weg von Jesus, sondern suchen nach authentischer geistlicher Gemeinschaft. Der Autor nennt das die „Gemeinschaft der Erwartungsvollen".

Das Buch ist eine Einladung, dem nachzuspüren, was der Geist Gottes den Gemeinden heute dazu sagen will. Und der Autor ist sich gewiss, dass jeder, der sich Gott mit offenem Herzen und hungrigem Geist nähert, eine Antwort des Himmels bekommen wird.